广西师范大学

MBA
教学案例研究(1)

陆奇岸 陆琳 等著

企业管理出版社
ENTERPRISE MANAGEMENT PUBLISHING HOUSE

内容提要

《广西师范大学 MBA 教学案例研究（1）》一书共有 7 篇案例研究论文，主要为案例研究成果，这些成果具有鲜明的特色和较强的实际应用价值，每一篇都凝聚了作者的心血，不仅体现出了作者对知识的理解与重构能力，也展现了作者多年工作积累的管理智慧和追求创新的品质。通过阅读本书内容，不仅可以了解企业经营背后的逻辑和理论，而且可以了解企业在成长中取得的经验及存在的问题。

本书案例为广西师范大学 MBA 优秀案例，涉及的领域有战略管理、人力资源管理、公司治理、运营管理、市场营销、金融研究、财务管理等。本书案例研究成果都是广西师范大学教师在亲临企业，深入研究中国企业管理实际问题的基础上形成的。

本书是 MBA、EMBA 学员理想的课堂讨论材料和课外读物，也是所有对企业管理、企业成长和实践感兴趣的人士的学习资料。

图书在版编目（CIP）数据

广西师范大学 MBA 教学案例研究 . 1 / 陆奇岸等著 . —北京：企业管理出版社，2021.3
ISBN 978-7-5164-2312-7

Ⅰ . ①广… Ⅱ . ①陆… Ⅲ . ①工商行政管理—教案（教育）—高等学校 Ⅳ . ① F203.9

中国版本图书馆 CIP 数据核字（2020）第 259862 号

书　　名：	广西师范大学 MBA 教学案例研究（1）
作　　者：	陆奇岸　陆　琳　等
责任编辑：	杨慧芳　侯春霞
书　　号：	ISBN 978-7-5164-2312-7
出版发行：	企业管理出版社
地　　址：	北京市海淀区紫竹院南路 17 号　　邮编：100048
网　　址：	http://www.emph.cn
电　　话：	发行部（010）68701816　　编辑部（010）68420309
电子信箱：	314819720@qq.com
印　　刷：	北京七彩京通数码快印有限公司
经　　销：	新华书店
规　　格：	710 毫米 ×1000 毫米　　16 开本　　12 印张　　197 千字
版　　次：	2021 年 7 月第 1 版　　2021 年 7 月第 1 次印刷
定　　价：	78.00 元

版权所有　翻印必究　印装有误　负责调换

前 言

为了提高我国专业学位教学案例质量，满足我国专业学位案例教学需求，推动专业学位研究生培养模式的改革与创新，促进专业学位研究生培养质量的提高，广西师范大学每年都定期组织教师参加案例编写培训、案例教学研讨、案例教学现场观摩，组织MBA学生参加案例学习大赛等相关活动，用各种激励政策来促进工商管理教学案例编写和教学水平的提高。

《广西师范大学MBA教学案例研究（1）》一书共有7篇案例研究论文，主要为案例研究成果，这些成果具有鲜明的特色和较强的实际应用价值，每一篇都凝聚了作者的心血，不仅体现出了作者对知识的理解与重构能力，也展现了作者多年工作积累的管理智慧和追求创新的品质。本书案例是作者精心挑选的优秀案例，内容涵盖战略管理、人力资源管理、公司治理、运营管理、市场营销、金融研究、财务管理等领域。通过案例研究培养学生的实际管理能力，提高学生的分析判断能力，以及塑造学生积极进取的品质，实现学生知识结构实用化和能力结构实践化，进而提高我国应用型人才培养质量已经成为教育界的共识。因此，需要对案例进行深入研究和挖掘。

案例一介绍了超市发商业模式的创新之道，分析了超市发如何通过外埠开店、试水张家口、双向物流、农超对接等华丽转身，实现成长蜕变；案例二描述了小社群公众号如何通过"平台连接"走出彷徨，转变为市场的探路者；案例三讲解了"尿检之王"利特公司开发全球市场的创业历程，涉及公司发展现状、面临的产业环境、开发全球市场的动因、开发全球市场的决策演进等方面的内容；案例四深入分析了华夏为华公司内部创业导致的问题；案例五从财务角度分析了苏宁云商集团创新资产运作的过程；案例六介绍了BNC公司现行绩效管理的形式以及员工对绩效考核的反应；案例七描述了DF通信公司面临的培训困境，分析了现有培训体系存在的问题。

  本书是广西师范大学MBA教育中心案例研究的阶段性成果。希望本书可以为中国特色工商管理教育的发展，以及中国企业管理案例开发和案例库建设贡献一点力量。

目 录

案例一　"水土不服"的良药：超市发商业模式创新之道　/　001

  0　引言　/　002

  1　成长的足迹　/　003

  2　华丽的转身　/　004

    2.1　外埠开店战略　/　004

    2.2　试水张家口　/　005

    2.3　双向物流降成本　/　006

    2.4　农超对接惠农户　/　008

  3　走向"深水"　/　010

    3.1　帮扶项目锦上添花　/　010

    3.2　"海-丹"不解之缘　/　010

    3.3　保障供应，稳定物价　/　011

  4　大浪淘沙　/　012

  案例研究　/　015

  附录　/　021

案例二　从"内容变现"到"平台连接"？
——小社群公众号的彷徨 / 025

0　引言 / 026

1　快进中的微信公众号 / 027

  1.1　公众号的深度渗透 / 027

  1.2　媒体与社交融合 / 028

  1.3　公众号的冰火两重天 / 029

2　睿界网络科技有限公司 / 030

  2.1　公司背景 / 030

  2.2　从功能到内容的转变 / 031

3　内容变现的困境 / 032

  3.1　升级的内容需求 / 032

  3.2　退缩的"变现" / 034

  3.3　心有余而力不足 / 037

4　"平台连接"的召唤 / 038

  4.1　闲聊的顿悟 / 038

  4.2　高校的"超级碗" / 039

  4.3　"内外连接"的平台 / 043

  4.4　空白市场的探路者 / 048

5　尾声 / 052

案例研究 / 053

目 录

案例三 "尿检之王"开发全球市场的创业历程 / 063

1　公司发展现状 / 064

　1.1　公司总体发展现状 / 064

　1.2　公司国际市场发展现状 / 065

　　1.2.1　国际市场总体发展规模与速度 / 065

　　1.2.2　区域分布 / 066

　　1.2.3　产品结构分布 / 067

2　利特面临的产业环境与开发全球市场的动因 / 067

　2.1　稳定增长的全球 IVD 市场 / 067

　2.2　快速增长的新兴 IVD 市场 / 068

　2.3　高度集中的 IVD 市场 / 068

　2.4　异常拥挤的国内 IVD 市场 / 069

　2.5　良好的出口机遇 / 070

3　利特开发全球市场的创业历程 / 071

　3.1　准备阶段（1999—2002 年）/ 072

　3.2　起步阶段（2003—2007 年）/ 072

　3.3　快速发展阶段（2008—2011 年）/ 073

　3.4　模式升级阶段（2012—2013 年）/ 073

4　利特开发全球市场的决策演进 / 074

　4.1　市场选择决策演进 / 075

　4.2　市场进入模式决策演进 / 075

4.3 市场适应决策演进 / 076

　　4.3.1 产品 / 076

　　4.3.2 价格 / 077

　　4.3.3 分销渠道 / 077

　　4.3.4 促销 / 077

　　4.3.5 组织 / 078

　　4.3.6 人员管理 / 078

5 未来的隐忧 / 078

　　5.1 国际化产品结构的升级 / 078

　　5.2 国际巨头的挑战 / 079

　　5.3 国际化模式升级的挑战 / 079

案例研究 / 081

案例四 内部创业惹来横祸 / 086

　0 引言 / 087

　1 公司简介 / 087

　2 港湾网络公司的发展 / 088

　3 "打港办"迅速出炉 / 090

　案例研究 / 091

目 录

案例五　苏宁云商集团股份有限公司创新资产运作 / 095

0　引言 / 096

1　公司发展简介 / 096

2　事件背景 / 098

3　资产售后回租操作流程 / 098

    3.1　苏宁云商子公司以持有的资产出资，成立11家项目公司 / 099

    3.2　苏宁云商成立11家SPV，与11家项目公司一一对应 / 101

    3.3　SPV收购项目公司股权 / 102

    3.4　苏宁云商转让SPV股权给私募基金 / 103

    3.5　项目公司吸收合并SPV公司 / 103

    3.6　交易完成，苏宁售后回租 / 104

4　资产证券化 / 104

    4.1　苏宁云商资金退出路径 / 105

    4.2　REITs产品的载体 / 106

    4.3　专项计划资产收益 / 107

    4.4　REITs产品参与方 / 107

5　尾声 / 108

案例研究 / 109

案例六　BNC 公司绩效管理体系　/　123

0　引言　/　124

1　企业概况　/　124

2　企业组织结构与人员情况　/　125

3　BNC 公司现行的绩效考核制度　/　126

    3.1　考核的层次及现状　/　126

    3.2　绩效考核原则　/　127

    3.3　绩效指标的形成与确定　/　127

        3.3.1　绩效指标的来源　/　127

        3.3.2　绩效指标选取、决定的步骤　/　127

    3.4　考核的依据、主体、对象和频率　/　128

    3.5　工作日志立卷存档制度　/　128

    3.6　中高层管理人员的绩效考核表——以运营总监为例　/　129

        3.6.1　运营总监的工作分析　/　130

        3.6.2　运营总监绩效考核表　/　131

        3.6.3　2013 年度运营总监的两份绩效考核表　/　132

        3.6.4　考核后各部门的意见　/　134

4　BNC 公司绩效管理实施情况调查　/　135

    4.1　绩效计划完成情况　/　135

    4.2　绩效计划实施和管理情况　/　136

    4.3　绩效评价的过程　/　136

4.4　绩效反馈情况　/　136

　　4.5　员工对公司绩效管理体系的认同度　/　137

5　尾声　/　137

案例研究　/　138

附录　/　143

　　附录1　BNC公司绩效考核表　/　143

　　附录2　工作日志和工作记录　/　147

案例七　DF通信公司的培训困境　/　154

0　引言　/　155

1　公司发展及现状　/　155

　　1.1　公司的发展　/　156

　　1.2　DF通信公司培训情况介绍　/　158

　　　　1.2.1　总体介绍　/　158

　　　　1.2.2　DF通信公司培训体系的组成　/　159

　　　　1.2.3　培训职责分工　/　159

　　　　1.2.4　培训的类别　/　160

　　　　1.2.5　培训评估和培训考核　/　161

2　现有培训体系问题分析　/　162

3　结论　/　168

案例研究　/　170

附录　/　173

案例一

"水土不服"的良药：
超市发商业模式创新之道 *

摘要：中国进入 WTO 后，众多国际知名零售巨头纷纷进入中国零售市场。作为应对措施之一，大批国内零售商业企业以跑马圈地的方式进行外埠开店，却在本土遭遇"水土不服"，折戟而归。本案例描述了超市发集团在总裁李燕川的带领下，将扩张周边规模与深耕北京市场相融合，依托生鲜农产品经营的快速发展带动整体效益的提升，使品牌影响力在不同领域逐步扩散的过程。本案例真实反映了超市发高层决策者如何利用外埠开店资源，打造双向物流模式，如何跨越物流限制，推进基地采购 - 农超对接。案例有助于研究者对零售商业企业经营模式转型升级进行深入思考。

关键词：外埠开店；生鲜农产品；农超对接；超市发

---

*1. 本案例由陆琳、李佳楠、张虹、陈圣权撰写，作者拥有著作权中的署名权、修改权、改编权。

2. 本案例授权中国管理案例共享中心使用，中国管理案例共享中心享有复制权、修改权、发表权、发行权、信息网络传播权、改编权、汇编权和翻译权。

3. 由于企业保密的要求，在本案例中对有关名称、数据等做了必要的掩饰性处理。

4. 本案例只供研究分析之用，并无意暗示或说明某种管理行为是否有效。

0 引言

2014年4月的一天，某报记者在滦河连锁店卖场看到了这样一个场景：近百种蔬菜整整齐齐地摆放在柜台上，店里的工作人员统一着装，不少顾客正将新鲜的蔬菜放入购物车里。记者挑选了几种蔬菜进行价格对比：超市的西红柿每斤1.7元，农贸市场的价格为2元左右；菜豆每斤2.5元，农贸市场的价格为3元左右。

"价格之所以便宜，主要是采用了产地直供的模式，减少了中间环节。"地区经理宋总介绍。超市发采用了在北京—承德—张家口沿线开发外埠店，围绕外埠店在周边开发建设蔬菜基地的经营策略。如今已经建立了崇礼、固安、大兴等80多家果蔬种植基地，基地产出的蔬菜直接走上市民的餐桌，减少了中间加价环节。

随后，记者又采访到蜜瓜种植合作社的张老伯，他说："超市对基地进行严格、全面、细致的甄选，从播种起就介入管理，监督生长过程，控制采摘的时间。超市在收购农产品的时候，都会提前一周定好产品的价格，一般会比批发市场的价格要高。而且我们与超市对接，超市承诺会提供给我们一个塑造品牌的平台，我们希望更多的顾客品尝并且记住我们的蜜瓜，因此我们同超市会保持长期的合作。"

邱阿姨是超市发众多忠诚顾客之一，她告诉记者："超市发的门店普遍开在我们社区周边，老年人步行十分钟就可以到达。因为超市发的名声好，我们的一日三餐和日常用品都依赖超市发来满足。在超市发装修期间，我们每天都盼望可以早点开业。客服中心会经常给我们发放健康膳食手册，普及健康知识；为我们提供电子标签，从而可以随时随地检验食品的'身份证'；就连普通的指甲钳都配有放大镜；近期还推出为行动不便的老人免费送货上门的服务。这种

案例一 "水土不服"的良药：超市发商业模式创新之道

亲情式服务是其他超市所做不到的，超市发早已成为老年人离不开的好邻居。"

超市发究竟是怎样的超市？为何让菜农和顾客如此偏爱？随着零售行业迭代洗牌时代的到来，对于如何从容面对强劲的行业领导者和优秀的后起挑战者，总裁李燕川淡然一笑，仿佛一切自有玄机……

1 成长的足迹

北京超市发连锁股份有限公司于1999年10月完成股份制改造，成为北京首家国有企业改制的股份制商业流通企业，是全国著名的零售业创新企业。公司以"超市发"为品牌，主营生鲜日配品、食品、家居用品及代理品牌商品的零售、批发业务，形成综合超市、食品超市、社区超市、社区菜市场4种经营业态。拥有员工7000余人，连锁店145家，分布在北京8个区县及承德、张家口和宣化地区，经营面积16万平方米，并不断扩大商圈，提高市场占有率。公司拥有批发、物流配送、农达菜市场、培训中心等全资子公司。公司突出生鲜经营特色，已在全国范围内建立80余家农超对接基地、74家直接签约的生鲜商品采购基地，并构建了标准化的物流技术和信息化管理手段。多年来，公司实现了经营特色化、管理规范化、物流专业化，销售额稳步增长，2013年实现销售额40亿元，2008—2010年销售增幅居北京市同行业之首，名列中国连锁行业百强企业。

作为一家老牌国有企业，超市发在激烈的竞争中高举"服务"大旗，根植于社区，努力为社区居民提供定制化的、有针对性的服务，并突出"生鲜"特色，开办社区早市、菜市场等。超市发强化特色商品，采取一店一策方式，用真诚、亲情服务留住居民，主动为政府承担社责任，在受到顾客好评的同时，也得到了党和国家领导人的关注及高度评价，这充分体现了新时代国有商业企业"精细化服务"的大家风范。

超市发改制其实是中国商业发展的一个缩影，其经历了从计划经济到市场经济的经济体制改革，也经历了商业重组变革和国有体制改革。随着2004年末中国零售业彻底对外资开放，家乐福、沃尔玛等零售连锁巨头在超市发周围开店，引爆了零售市场的激烈竞争。超市发董事会几经讨论，确定了广拓渠道、丰富大众生鲜"菜篮子"的经营战略。2006年，国务院提出"加快发展农产品连锁、超市、配送经营，鼓励有条件的地方将城市农贸市场改建成超市"，这为内资超市加强生鲜经营提供了一个极好的发展机会。2007年超市发率先开办生鲜早市，2008年又开办了社区菜市场这一新型业态，第一家农达菜市场当年即实现盈利，其"超市+菜市场"经营模式吸引了各地同行前来取经，也响应了政府推进"百姓菜篮子工程"建设的号召。2009年，在中外零售企业大举开发二、三线城市之际，李燕川看到了乡村市场的巨大消费潜力，在农村开办乡村超市。正当京城本土零售企业进行门店改造时，超市发早在2006年就投资数千万元完成了20多家门店的改造工作，其改造后的双榆树旗舰店创造了北京连锁业单店人均劳效和平方米效益最高的纪录。

2 华丽的转身

2.1 外埠开店战略

在强手如林的北京连锁行业，沃尔玛、家乐福等大型外资超市凭借其先进的管理技术占据了一定的市场份额。在市场容量趋于饱和的情况下，内资超市若想扩大企业规模，实现新的增长，必须进一步转变观念，通过加盟、扩张等多种形式，突破地区界限，提高竞争实力。外埠开店就是超市发向外部寻求更大发展空间的一大战略举措。随着城镇化建设不断加快，品牌超市自然成为各地争先引进的重要对象。一方面，当地的商业企业、房地产企业与北京超市合作的意愿较强，不少地方会对超市发的入驻给予房租、税收等方面的优惠，吸引其到当地开店；另一方面，很多地区的本土超市并不发达，而其人口规模及消费水平要求有大型、规范的商超企业进驻。随着库存系统、物流配送、餐饮信息化等硬件设施的建成和完善，超市发具备了规模扩张的基础条件。2000年初，超市发董事会综合企业理念、市场定位及主营业务（生鲜农产品经营）经营策略，确定了外埠开店发展战略，希望通过外埠开店向生产环节（基地农民）和消费环节（社区居民）延伸，成为联结农户－超市－消费者的桥梁和纽带。

2.2 试水张家口

第一个吃螃蟹的超市发经历了发展以来的最大阵痛。例如，超市发公司宣化商业大厦店是超市发在河北省张家口市开设的第一家超市，其貌似是一块肥肉，实际上却是一块难啃的骨头。

作为一直以北京市海淀区为主要市场的企业，在走出海淀、走出北京，尤其是进入张家口市场之初，超市发引以为傲的企业品牌效应并不突出，甚至居于公司核心地位的物流管理也面临前所未有的危机。由于当地经销渠道对超市发熟悉度差，开业之初宣化分公司的大部分商品都是由北京配送至张家口，资源整合效率差，导致物流费用显著增加，生鲜产品质量随之下降。虽然张家口地区处于超市发物流配送300千米半径范围之内，但依然存在配送车辆不适用、食物里程高等诸多问题。食物里程的增加不仅导致碳排放量的

起来的人。这样的人在业内叫作"能人",他们的身份可能是农业合作社的负责人,他们除了自己种植农产品,还有能力号召和组织农户一起种植。

超市发副总裁王增庆说,实现双向物流,需要具备三个条件:第一,在外埠城市有自己的直营连锁店;第二,直营连锁店在当地有一定的规模和品牌影响力;第三,通过开展农超对接来进行操作。双向物流看似简单,但从供应链管理的角度看,它涉及生鲜商品的货源组织,配送中心的储存、分拣,运输车辆的规划、调度,以及信息系统的支持等多个环节,往往是牵一发而动全身。首先,要考察签约农户蔬菜的种植情况,确定今年蔬菜的包装规格和采购标准以及采购量;其次,观察周边区域同类蔬菜的种植面积以预测今年该类蔬菜的价格趋势;再次,根据供应商的产量和品质来制订这一季的蔬菜销售计划;最后,与农户签订这一季的意向合同。在门店、配送中心与信息系统的对接方面,超市发与其他各大超市的供应链模式类似。每天下午三点,门店生鲜主任会通过信息系统向配送中心下订单,下午五点左右,信息系统对订单进行处理,生鲜采购经理得到订单信息后通知供应商负责人准备好相应品种、规格以及数量的生鲜商品。作为双向物流的另一端,外埠门店也执行类似的操作,不同的是,当配送中心接到外埠门店的订单后,根据订单进行商品的分拣、装车,等待次日凌晨出发。超市发所有订单的处理均由 EOS(自动订货系统)来完成。

2.4 农超对接惠农户

产地 1 角/斤的南瓜,运到北京后的终端零售价可以达到 1 元/斤,"杀价"的任务落到了"农超对接"的身上。商务部推行"农超对接"的目的在于通过这种直采模式,使部分原来被中间商赚取的利润直接"转移"给农民，提高他们的市场经济观念，促使农民根据需求、根据市场来种植农产品。合作社与农户之间开展合作，共同作为广义的农业生产者，形成一种面向超市的供货联盟，从而为农民提供采购、技术、销售等多方面的服务，实现农业生产的组织化、规模化与标准化。消费者居于供应链末端，其对农产品的消费关系到整个供应链价值的实现。消费者偏好的变化，是"农超对接"的主要原因。作为供应链主体的超市发先后在全国建立了80余家采购基地，在300千米半径的物流配送范围内建立了长期合作的果蔬基地。2011年全年水果销量为600万千克，蔬菜销量为1600万千克，水果类65%以上、蔬菜类80%以上的商品都由这些专业生产基地直供。供应链利益相关者间的相互关系如图1所示。

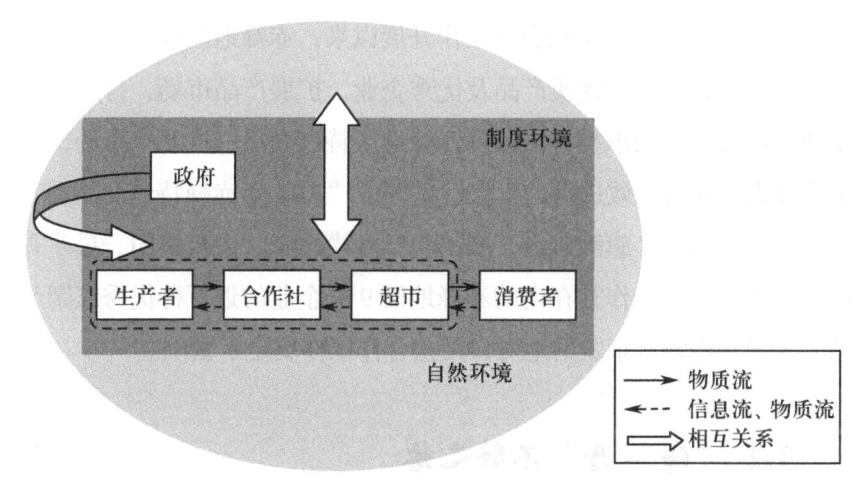

图1 供应链利益相关者间的相互关系

"从2000年在张家口开出第一家外埠店铺，超市发始终采取积极稳妥的开店策略，以严格的管理、差异化的商品，立足外埠市场。现有外埠店铺20余家，加盟店10家……"分管销售的王副总的汇报引发董事会各位董事的阵阵掌声，然而，总裁李燕川随即意味深长地说:"请看外埠店铺分布图,很明显地,超市发的品牌影响力受制于物流配送 300 千米半径范围,仅仅成为密云、承德、张家口等地的知名超市。我们的胆子要再大一点,要尝试脱离总公司的势力范围,到更远的深水区去。另外,最近上映的电影《蜘蛛侠》不知各位看过没有,里面有一句话,'能力越大,责任越大',我觉得说得很好,我们的经营规模已经从当年的 10 亿元、20 亿元扩大到现在的 30 亿元、40 亿元,那别人是怎么看待我们的?"

3 走向"深水"

3.1 帮扶项目锦上添花

新一轮京蒙对口帮扶合作工作开展以来,赤峰地区致力于通过农超对接等方式,推出优质产品及优秀企业,扩展产品市场,打造地区品牌。超市发主动承担将内蒙古赤峰地区特色商品引进北京市场,促进两地农超对接有效进行的工作,举办了"2011 年赤峰特色商品展卖周"活动,在两个旗舰店内,展出包括沙漠之花、中敖集团、星斗香油厂、惠隆杂粮合作社在内的赤峰地区 9 家企业的近百种优秀农副产品,为进一步开展京蒙两地对口帮扶合作工作奠定了基础。

3.2 "海-丹"不解之缘

湖北省丹江口市是南水北调工程的水源地,2013 年北京市海淀区与丹江口市结为友好对接城市。为了促成两地农超对接,超市发连锁随同海淀区商务委赴湖北省丹江口市参加"库区情 橘乡行"武当蜜橘推介会,并深入橘园、工厂了解和考察武当蜜橘的产地、质量及分拣和包装工艺。之后,两地在武当蜜橘产品以及其他农副产

案例一 "水土不服"的良药：超市发商业模式创新之道

品生产销售领域开展合作，在超市发卖场展示中心为丹江口市开辟农副产品展示窗口，进行"365天永不落幕的展示"。此次武当蜜橘被成功摆上京城超市发货架（见图2），是海淀区商务委认真贯彻落实区委、区政府与丹江口市签署的友好交流地区框架协议，努力推动北京地区名优超市集团与丹江口地区农产品流通龙头企业、农民专业合作社发展农超对接模式的成果之一。这种流通新模式为商家减少了中间环节，降低了销售成本，让北京市的消费者可以品尝到物美价廉且符合国家食品安全标准的原产地武当蜜橘，同时增加了丹江口地区橘民的销量和收入，成功营造了商家、消费者和农民"三赢"的局面。

图2 丹江口无核蜜橘卖场实拍图

3.3 保障供应，稳定物价

2011年3月，受日本9.0级大地震核辐射、洗化类商品涨价等的影响，老百姓对食用盐、酱油、咸菜、腐乳、海产品和水等生活必需品大量抢购，超市发立即启动《民生商品应急预案》，连夜组

要使出怎样的撒手锏来进行应对，是值得思考的问题。"

……

会议顺利结束，但会议上大家指出的问题始终徘徊在李燕川的脑海里。的确，从替代商业模式来看，未来无店铺销售形式的发展，尤其是电话销售、大品牌网络电商销售势必会对门店销售产生强大的冲击。但这种商业模式究竟对生鲜销售的影响会有多大，超市发是否做好了介入电子商务的准备，仍旧是未知的……

案例一 "水土不服"的良药：超市发商业模式创新之道

案例研究

一、研究目的

通过本案例，研究者可以对零售商业企业的经营理念和核心竞争力进行深入的思考，明确企业战略规划的必要性与重要性，了解企业营销战略的思路，以及了解如何进行市场开拓以及开展供应链合作等。

二、启发思考题

（1）如果你是李燕川，你会为超市发外埠开店的经营模式创新提供什么样的方案？方案中可能存在哪些风险？

（2）本案例中超市发在外埠开店过程中受到哪些条件的约束？从内外部环境来说，分别应该怎样做？你认为其他行业的发展模式是否可以为该企业问题的解决提供借鉴？怎样才能使超市发在竞争中拔得头筹？

（3）请评价超市发农超对接－双向物流供应链体系的完备性，考虑是否存在遗漏环节，并进一步思考农超对接的过程中哪些细节是不容忽视的。

（4）超市发与赤峰、丹江口等地区跨区域合作是出于什么原因？结合零售行业发展现状及趋势，你觉得对于我国中小企业的发展具有哪些借鉴意义？

三、分析思路

案例时间线分两条展开,一是超市发的企业发展史,二是超市发的外埠开店历程。本案例由一个记者对三类不同人群的采访,引出外埠开店的必要性和执行过程中的问题,进而描述了公司高层通过对这些问题的深入研究,找出解决这些问题的根本途径,即双向物流-农超对接,并形成了具体的优化方案。这里提出本案例的分析思路。

(1)从创业管理和战略管理的角度来看,任何组织的创业活动和战略行为都不是凭空想象出来的,必须考虑环境因素的影响。这些因素的相互作用以及每一个因素对企业创业活动和战略行为所产生的影响都会因具体情况的不同而存在差异。不同的行业,不同的公司,甚至同一家公司在不同的时期,所采取的扩张模式和制定的战略都会存在差异。案例中的超市发集团在创业初期、发展期和扩张期分别采用了不同的发展模式和战略,这正是其能够迅速强大的重要原因。

(2)超市发把自己的核心竞争力定位在生鲜商品上,可以说是抓住了快消品超市赶超外资卖场的关键点,因为在这方面,外资卖场并没有任何先天的优势可以利用,倒是那些生于斯长于斯的本土超市更容易建立自己的核心竞争优势。但其前提条件是,必须将生鲜经营的每一个环节都做到极致,做到以最低的成本提供高品质的生鲜商品。超市发经过几年的不懈努力,已经成为全国同行的领先者了。

四、理论依据与分析

1. 竞争优势理论

竞争优势理论首先由迈克尔·波特提出,其建立在传统的"结构—行为—绩效"的产业组织理论基础上，认为产业结构决定了产业内的竞争状态，并决定了企业所能采取的行为和战略，最终决定了企业的绩效。波特的竞争优势理论的重点在于：对企业来说，要想获得竞争优势，关键是选择正确的产业，并且在这个产业中保持有利的竞争位势。

2. 连锁经营理论

连锁经营是指一个或多个投资者（企业）在多地点甚至多区域，按照统一模式开展经营活动的商业组织形式。在该组织形式下，经营同类商品或服务的若干企业以一定的形式组成一个联合体，在整体规划下进行专业化分工，并在分工基础上实施集中化管理，把独立的经营活动组合成整体的规模经营，从而实现规模效益。连锁经营关系是一种授权人与被授权人之间的合同关系。被授权人应维护授权人在合同中所要求的统一性，包括统一采购、统一配送、统一标识、统一营销策略、统一价格、统一核算。

3. 市场定位和品牌理论

根据STP营销分析范式，在企业选定了目标市场后，应根据目标市场所关注的产品特性及市场竞争状况，为产品和服务确定个性或特色，并通过开展营销活动使市场接受这种个性，这就是市场定位。市场定位包括价值定位（归属感、爱、自尊、成就感等）、利益定位（功能利益、体验利益、财务利益和心理利益等）和属性定位（原材料、形态、制造过程、价格等）三个层面。市场定位的本质是如何处理好与竞争对手的关系，以形成竞争优势。

市场定位和品牌形象的塑造高度一致。一定的品牌形象就是市场定位在目标市场中的反映，企业为塑造品牌形象所开展的各种营销活动必须与市场定位保持一致。品牌影响力并非一朝一夕能够建立，而是通过多年的经营累积，在行业内、消费者心中逐渐形成的，先入为主的优势尤其明显。

4. 商业模式理论

商业模式是一种包含了一系列要素及其关系的概念性工具，用以阐明某个特定实体的商业逻辑。商业模式是一个完整的产品、服务和信息流体系，包括每一个参与者在其中起到的作用，以及每一个参与者的潜在利益与相应的收益来源和方式。在分析商业模式的过程中，主要关注企业在市场中与用户、供应商、其他合作方的关系，尤其是彼此间的物流、信息流和资金流。

在商业模式的构成要素中，每个要素以更为具体的维度表现出来。如市场类的目标客户要素，从覆盖地理范围看，可以是当地、区域、全国或者国际客户；从主体类型看，可以是政府、企业组织或者一般个体消费者；还可以根据年龄、性别、收入甚至生活方式划分为一般大众市场或细分市场等。商业模式创新即把新的商业模式引入社会的生产体系，并为客户和自身创造价值。新引入的商业模式可能在构成要素方面不同于已有商业模式，也可能在要素间关系或者动力机制方面不同于已有商业模式。

五、背景信息

北京超市发连锁股份有限公司前身为北京市海淀区副食公司，1980年参加工作的李燕川曾在下属的伍富食品商店站过生鲜组的柜台。7年后，他成为伍富食品商店的经理，并且率先建立了连锁经营机制。在原有的基础上，伍富食品商店建立了8个透明度较高的生鲜食品和主食加工间，这一经营特色使得当年伍富食品商店的销售额以40%的速度增长，伍富食品商店也开始在业内崭露头角。

案例一 "水土不服"的良药：超市发商业模式创新之道

1994年9月，当时的北京市海淀区副食公司最早在北京实行"开架式"的售货方式，并推出了中国第一家标准食品超市——伍富超市。1995年，公司已有超市9家、仓储超市3家、便民店21家。至1996年，旗下的伍富连锁总部已迅速扩张了44家连锁店，其中伍富超市被列为北京市样板超市，而采取另一经营模式的利客隆仓储超市也在开业后短短一个月的时间内成为业界的焦点。1997年7月，北京超市发连锁经营公司成立，实行"批零一体化"的经营模式。

1999年10月，公司完成股份制改造，成立北京超市发连锁股份有限公司。该公司是北京首家股份制商业流通企业，可以说超市发一直走在零售业态创新的前列，为区域经济做出很大贡献。2005年至2007年，北京超市发连锁股份有限公司的销售业绩逐年提升，税前净收益连续三年创历史新高，三年累计实现销售50.8亿元，累计开店20家，发展加盟店3家，扩大了商圈，提高了市场占有率。

2007年，超市发位居中国连锁百强企业第75位，但所取得的成绩并没有让这家企业满足于现状，他们仍在不断探索：这一年，超市发率先开始尝试在成熟的社区开办早市，以生鲜商品为主力，带动超市其他商品销售。超市发以果菜配送为基础，不断加大基地采购的力度，发挥规模采购的优势，降低采购成本。同时以低于农贸市场的价格出售，增强了市场的竞争力，增加了早市对社区居民的吸引力，提升了果菜配送中心的生鲜采购、加工、储存和配送能力。

2008年，北京超市发连锁股份有限公司共有连锁店64家，其中北京市48家（综超20家，普超19家，社区店8家，菜市场1家）、外埠12家（普超）、加盟店4家，成为具有较强实力的中国名牌连锁企业之一。公司以"超市发"为品牌，主营生鲜日配品、食品、百货、家居用品及代理品牌商品的零售、批发业务。拥有商品配送基地3万余平方米，其中用于生鲜商品的恒温库3700平方米、低温库1500平方米、加工间700平方米，并实现物流机械化和管理信息化。几年来，公司经营规模不断扩大，销售额稳步增长，名列北京市商业流通连锁业前茅，并跃居中国500强企业、连锁百强企业。

六、关键要点

（1）商业模式创新是企业实现成功转型的最佳途径。在此案例中，超市发区别于传统大卖场、产品模糊化的大型连锁超市，重点拓展其生鲜农产品核心业务，紧密围绕消费者需求，为社区百姓提供贴心、便捷的亲情式服务。超市发秉承"引领绿色消费，共创幸福家园"的企业使命，成立"贴心人"服务队，常年为空巢老人、特困人群等提供上门服务，充分体现了亲情式服务的内涵。

（2）案例中超市发很好地处理了外部扩张与内部深耕的关系，建立了以外埠开店为硬件基础，以双向物流为服务保障，以农超对接为桥梁的全过程特色经营模式。该模式环环相扣，既扩大了企业规模和品牌影响力，也积极响应了政府的跨区域帮扶政策，实现了资源整合、多方共赢的新局面。

附录

附表1 2011—2015年超市发战略发展规划

年份	2011	2012	2013	2014	2015
时期	创新发展期		调整提升期	健康发展期	
重点	1. 理顺产权关系 2. 完善物流配送体系 3. 创新企业标识 4. 建立并逐渐完善社区超市加盟店管理体系，创新拓展模式： （1）拓展区域 （2）拓展结构 （3）创新经营模式		1. 经营质量的提升 2. 适当放缓开店速度，通过经营和管理技术升级，使平方米地效和人均劳效每年提高20% 3. 调整改造店面，使门店环境符合现代生活需要 4. 改造信息系统，通过开发商业智能系统实现系统升级	1. 在以新型社区生活方式为核心的超市发模式下，为消费者提供品质更高、价格更优，并且能传递超市发品质生活信息的精选商品 2. 构建品牌管理体系	
销售增幅（%）	13	15	10	15	15
销售额（亿元）	36	41	45	52	60
新增连锁店（括号内为累计数量） 综合超市	1（20）	2（22）	1（23）	2（25）	2（27）
食品超市	2（42）	5（47）	5（52）	5（57）	5（62）
社区超市	0（11）	3（14）	1（15）	3（18）	3（21）
社区菜市场	0（3）	2（5）	1（6）	2（8）	2（10）
邻里中心	0（0）	1（1）	1（2）	1（3）	1（4）
加盟店	6（41）	10（51）	5（56）	10（66）	10（76）
总计	9（117）	23（140）	14（154）	23（177）	23（200）
员工满意度	87	88	89	90	91
供应商满意度	80	82	84	86	88
顾客满意度	76	78	80	82	84

	SO 战略 (增长型)	WO 战略 (扭转型)
	➤ 巩固在消费者心中的品牌形象地位，宣扬超市发文化特色 ➤ 依靠已有基础，大力发展北京零售市场 ➤ 提高连锁店的服务水平及服务质量 ➤ 加强与供应商的合作 ➤ 继续扩展"农+超"经营模式 ➤ 结合商圈特点开展不同的社区服务活动，扩大社会效益	➤ 依靠政府支持，弥补扩张资金 ➤ 提升配送中心技术水平，向连锁店供应保质保量的新商品 ➤ 推进商品品类管理，对品类、品牌与单品进行分层级优化，形成超市发商品形象，提升新品引进力度 ➤ 加快自有品牌的开发 ➤ 加大对资金的管理，实现现金流量的挖潜
	ST 战略 (多元化)	WT 战略 (防御型)
	➤ 以"家"文化为核心，提升品牌竞争力和社会影响力 ➤ 利用自有配送中心、生鲜技术提供优质的商品，做好诚信经营 ➤ 加强综合管理体系的建设，提升管理水平	➤ 管理向精细化、低成本方向突破 ➤ 学习同行先进经验 ➤ 对亏损店逐一进行分析，成立专项小组全面负责经营性亏损店减亏工作 ➤ 利用现有培训资源，根据顾客需求进行有针对性的培训

附图 1　超市发 SWOT 战略分析图

附表 2　超市发与标杆比较

项目	2008 年			2009 年			2010 年		
	销售（万元）	增幅（%）	开店数（个）	销售（万元）	增幅（%）	开店数（个）	销售（万元）	增幅（%）	开店数（个）
京客隆	986400	32	58	1006410	1.9	4	1090975	8.4	0
超市发	221461	19	8	252229	14	6	320000	26.9	31

附表 3　超市发与竞争对手比较

项目	2008 年		2009 年		2010 年	
	销售（万元）	增幅（%）	销售（万元）	增幅（%）	销售（万元）	增幅（%）
物美综合超市	3020000	21	3270000	8.1	3750456	14.9
超市发	221461	19	252229	14	320000	26.9

案例一 "水土不服"的良药：超市发商业模式创新之道

附表 4　超市发 2011—2015 年战略计划

子规划	短期行动计划（2011—2012 年）	阶段性行动计划（2013 年）	长期规划（2014—2015 年）
开发规划	1. 新开综超店 2 家，食品超市 3 家，社区菜市场 2 家，邻里中心 1 家 2. 以占领海淀地区为核心战略规划，打造公司市场根基 3. 公司在海淀地区超市行业占有份额极高，顾客对公司口碑也极佳，因此为了进一步占领该地区并发挥出企业优势，应大力开发食品超市，从而既确保占领海淀地区市场，又提升公司赢利能力	1. 新开综超店 1 家、食品超市 5 家、社区菜市场 1 家、邻里中心 1 家 2. 以海淀地区市场为根基，稳固海淀周边区域及承德、张宣地区，拓展公司根基规模 3. 朝阳、丰台、昌平地区门店数量较少，整体规模影响力较小，因此要大力开发食品超市以上规模的连锁店来稳固市场份额 4. 公司在承德及张宣地区的超市行业属于二、三线领跑地位，但这两个地区城市化进程较为缓慢，因此在该区域很容易受到其他同行的冲击。要继续领跑该区域，就要增加连锁店数量，提升企业形象及实力	11. 新开综超店 4 家、食品超市 10 家、社区超市 6 家、社区菜市场 4 家、邻里中心 2 家 2. 以海淀及周边区域为根基，大力拓展至北京市其他区域，从而提升公司在北京市的市场占有率及品牌知名度 3. 逐步将店面发展至北京市其他地区，综超旗舰店的设立可彰显企业实力与形象，也可适当减少当地区域内其他同行的冲击 4. 以该地域旗舰店为核心，向周边地域延展，开发出不同的经营业态，以点带面地拓展市场占有份额

023

续表

子规划		短期行动计划（2011—2012年）	阶段性行动计划（2013年）	长期规划（2014—2015年）
供应链管理规划	商品规划	1. 优化商品结构，提高商品经营集中度，扩大采购规模。调整采购模式，形成小类规模自采、实现部分联营商品自营 2. 加强果菜源头采购，取消连锁店果菜自采，提升对农超产地超对接产品的采购力度 3. 根据市场趋势和顾客需求变化，加强健康、进口和高端类食品与用品的引进，满足老年人和残疾特殊人群的商品需求	1. 继续加大小类自采力度，拓展联营转自营的经营模式 2. 在果菜类商品经营中，重点关注高端果蔬品种、地方特色果蔬商品、节日包装类果蔬商品 3. 加大自有品牌的研发，在已有干果、纸巾的基础上逐步向其他品类拓展，提升品牌效应	依托加工商品配送中心的建立，逐步增加果菜、生鲜、干果、主食等现场加工类项目，丰富和延伸商品经营品种
	物流配送规划	1. 完成主体配送和果菜配送的软硬件的搭建及整合，包括配送面积，服务功能、信息设备、技术平台的整合，实现连锁店、配送中心、总部统一平台的系统管控，以及物流作业的机械化、信息化 2. 实现拆零管理 3. 实现公司内部数据的实时交互 4. 实现生鲜储存和冷链配送的全过程管理	1. 开展自助化管理，减少人工成本，提高工作效率 2. 搭建网上数据传送和订货系统，利用互联网与物流配送中心、上游供应商共享商品的销售、库存信息，在电子订货、商品验收、退货、促销、变价、结算、付款环节提供协同支持。采用无线手持终端技术实时记录库房收货、定仓、补货、移库等信息，及时准确地记录仓位品种和存量变化，有效支撑仓管系统实时化管理	1. 根据业务发展需求，扩大配送能力，提高配送系统数据的支持能力 2. 配备3～5条DPS数字分拣线，准确地接收和回传分拣数据，同时自动拆零车辆同时配货品种，使多台车辆同时配货 3. 形成集物流、常温仓储、冷藏、包装、流通加工、配送为一体的多功能物流中心

案例二

从"内容变现"到"平台连接"？
——小社群公众号的彷徨*

摘要： 2015年微信公众号已经突破1000万的规模，越来越多的人通过公众号渠道获取新闻等各类信息，然而大量的小社群公众号无法真正实现盈利。2013年10月，睿界科技正式推出针对高校大学生的微信公众号。本案例描述了睿界网络科技有限公司高校微信公众号的运营过程，以及从功能优先到"内容为王"的转变，然后描述了该公司"内容变现"面临的困境，最后重点描述了作为小社区自媒体，该公司谋求转型发展面临的抉择，即该继续坚持内容生产，还是尝试"平台连接"，创新微信服务平台的新盈利模式，执行全新的业务架构、营销推广、资源整合管理等系列方案。

关键词： 公众号；自媒体；社群营销；内容变现；服务平台

---

*1. 本案例由刘强、叶进杰、李娟、章士倩、卢施予撰写，作者拥有著作权中的署名权、修改权，改编权。

2. 本案例授权中国管理案例共享中心使用，中国管理案例共享中心享有复制权、修改权、发表权、发行权、信息网络传播权、改编权、汇编权和翻译权。

3. 由于企业保密的要求，在本案例中对有关名称、数据等做了必要的掩饰性处理。

4. 本案例只供研究分析之用，并无意暗示或说明某种管理行为是否有效。

0 引言

2016年3月11日，深圳腾讯总部热闹非凡，这里聚集了一群极富创意的高校微信平台创业者，现场记者云集，镁光灯闪个不停。师大管家公众号负责人卢施予（睿界网络科技有限公司总经理）在大屏幕前展示公众号的成果，镜头对准了这个90后的胖小伙。"公司旗下的高校管家系列粉丝数量已经超过10万"，他一边展示成果一边幽默讲述公众号创业的故事，现场气氛热烈而欢快。经历了三年的创业磨炼，他的外表与谈吐均透出成熟的特质，在别人面前他总是滔滔不绝，幽默、文艺且富有激情。此次，师大管家作为广西区域唯一一家受腾讯特邀的公众号自媒体参加了大会，并在腾讯全国高校公众号年度排行榜上荣登南部地区榜第三名（见图1）。按照常理来说，获得如此荣誉应该带来的全是喜悦。

图1 南部高校微信公众号五强

资料来源：腾讯公布的2015年排行榜。

然而，回到观众席上的卢总，当听到另一位嘉宾分享盈利模式时，一反常态陷入了沉思，完全忘记了师大管家公众号刚刚获奖的事情……

案例二　从"内容变现"到"平台连接"？——小社群公众号的彷徨

1　快进中的微信公众号

1.1　公众号的深度渗透

微信自推出以来高速扩散，截至2015年9月，用户已达6.5亿，日均活跃用户5.7亿，一线城市渗透率已达93%。2012年8月，腾讯公司推出微信公众号应用服务，微信公众号是开发者或商家在微信公众平台上申请的应用账号，该账号与QQ账号互通，通过公众号商家可在微信平台上与特定群体实现文字、图片、语音、视频的全方位沟通、互动，从而形成一种主流的线上线下微信互动营销方式。线上线下微信互动营销的代表微部落，率先提出将标准的行业通用模板和深定制的微信平台开发理念相结合，形成了线上线下微信互动营销的开放运用平台。

越来越多的企业将微信公众号作为企业的展示窗口，并将其作为与用户沟通的桥梁。微信公众号在2015年底已经突破1000万的规模。数据显示，2015年微信公众号用户近八成为活跃用户，平均每天使用1.5次；在访问时长方面，半数以上的用户为深度使用用户，平均每天访问浏览25.6分钟。艾瑞咨询数据显示，2015年77.4%的受访手机网民表示已经关注微信公众号，而媒体和企业为用户最主要的关注对象。如图2、图3所示。

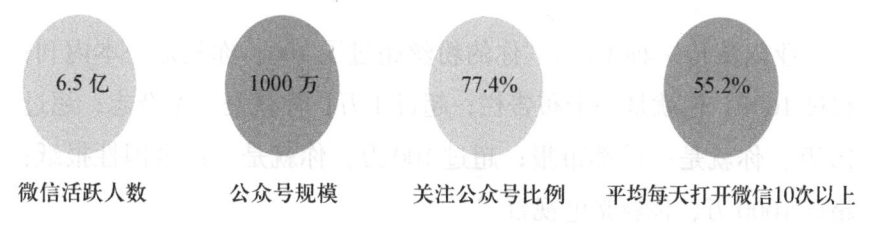

6.5亿	1000万	77.4%	55.2%
微信活跃人数	公众号规模	关注公众号比例	平均每天打开微信10次以上

图2　2015年微信用户基本使用情况

资料来源：根据腾讯企鹅智酷、艾瑞咨询数据整理。

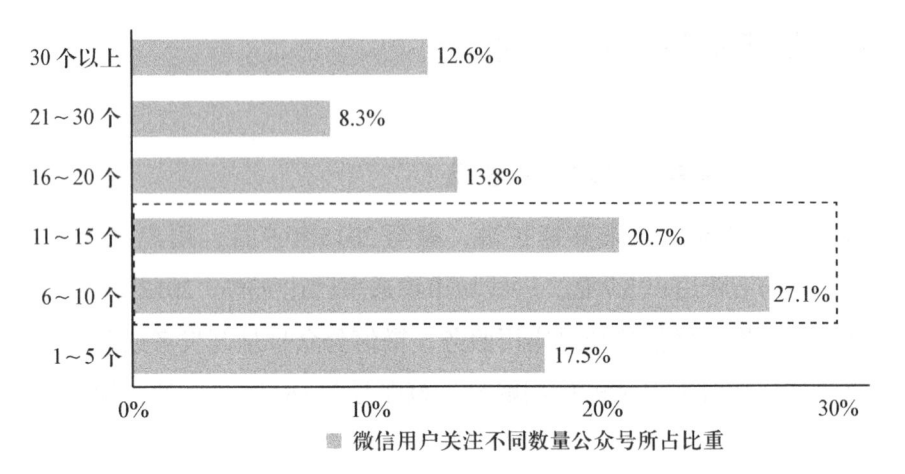

关注数量	占比
30 个以上	12.6%
21～30 个	8.3%
16～20 个	13.8%
11～15 个	20.7%
6～10 个	27.1%
1～5 个	17.5%

图 3　2015 年微信用户关注不同数量公众号所占比重

资料来源：艾瑞咨询 2015 年微信公众号媒体价值研究报告。

注：以 2015 年为样本，微信公众号用户 =928；2015 年 1 月通过艾瑞社区在线用户调研获得。

1.2　媒体与社交融合

大量的研究报告显示，社交媒体越来越成为公众获取各类信息的主要来源渠道。2015 年美国皮尤研究中心发布的美国新媒体研究报告显示，社交媒体已成为美国人获取新闻的主要渠道，41% 的美国人通过 Facebook 获取新闻。在中国公众中表现出同样的趋势，接近半数的公众认为社交媒体在个人获取新闻的渠道中扮演重要角色，通过社交媒体获取新闻已成为常态（见图 4）。

业内流传一种说法："你的粉丝超过了 100，你就是一本内刊；超过 1000，你就是一个布告栏；超过 1 万，你就是一本杂志；超过 10 万，你就是一份都市报；超过 100 万，你就是一份全国性报纸；超过 1000 万，你就是电视台。"

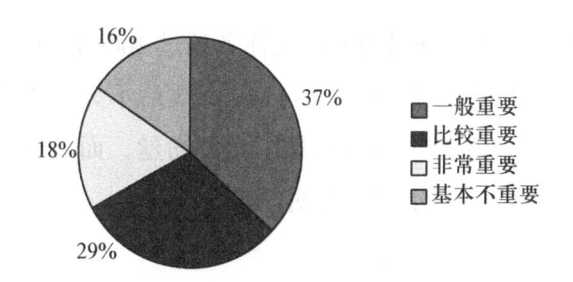

案例二 从"内容变现"到"平台连接"?——小社群公众号的彷徨

图4 社交媒体对获取新闻的重要程度调查

资料来源：根据腾讯企鹅智酷2015年中国新媒体趋势报告数据整理。

注：调查样本数为50146。

1.3 公众号的冰火两重天

微指数公司对500万微信公众号进行了实时分析，得出这样的数据：97%的公众号粉丝不过万，73%的公众号阅读量在1000以内，86%的公众号广告价值还不值100元，粉丝10万以上的大号只占0.28%。尽管数据可能存在一定的偏差，但据业内专家估算，目前真正实现盈利的公众号还不及整体数量的1%。这样的成功概率使看衰微信公众号的声音不绝于耳。

但是与此相对应的是，大量大V级公众号横空出世（见图5）。

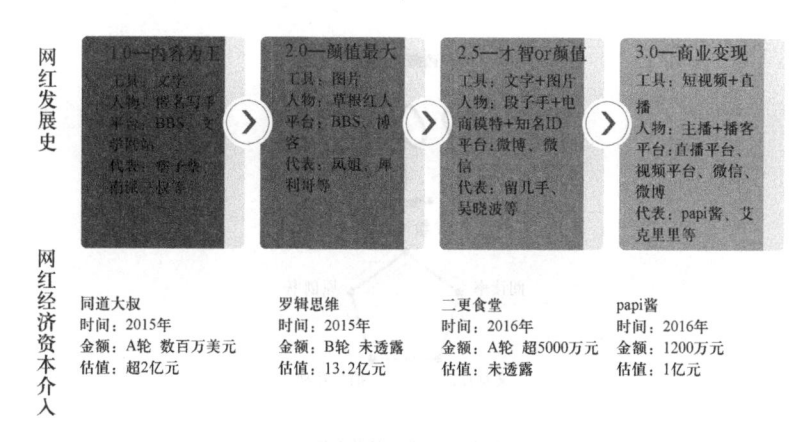

网红发展史	1.0——内容为王 工具：文字 人物：匿名写手 平台：BBS、文学网站 代表：安妮宝贝等	2.0——颜值最大 工具：图片 人物：草根红人 平台：BBS、博客 代表：凤姐、犀利哥等	2.5——才智or颜值 工具：文字+图片 人物：段子手+电商模特+知名ID 平台：微博、微信 代表：留几手、吴晓波等	3.0——商业变现 工具：短视频+直播 人物：主播+播客 平台：直播平台、视频平台、微信、微博 代表：papi酱、艾克里里等
网红经济资本介入	同道大叔 时间：2015年 金额：A轮 数百万美元 估值：超2亿元	罗辑思维 时间：2015年 金额：B轮 未透露 估值：13.2亿元	二更食堂 时间：2016年 金额：A轮 超5000万元 估值：未透露	papi酱 时间：2016年 金额：1200万元 估值：1亿元

图5 自媒体大V公众号的快速发展

资料来源：根据网络公开资料整理。

例如,"一条"开通公众号两周内关注者超过100万,阅读数几乎篇篇10万以上;"二更"从2015年11月上线后不久,粉丝数量就达200万。它们不仅在短时间内积聚了百万粉丝,而且获得了千万级融资,与大部分公众号形成了鲜明的对比。

2 睿界网络科技有限公司

2.1 公司背景

桂林市睿界网络科技有限公司(简称睿界科技)成立于2013年8月,初期以软件开发、游戏开发、网络工程为主要业务。2013年10月,睿界科技推出针对广西师范大学学生的微信服务平台——广西师大管家,最初管家团队主要推出成绩查询、校车时刻表查询、图书查询等满足学生需求的技术功能。师大管家强大的功能满足了多数师生的需求,推出两年后在师大获取了2万+的活跃粉丝,渗透率高达90%。图6显示了广西师大管家公众号的极高认可度。

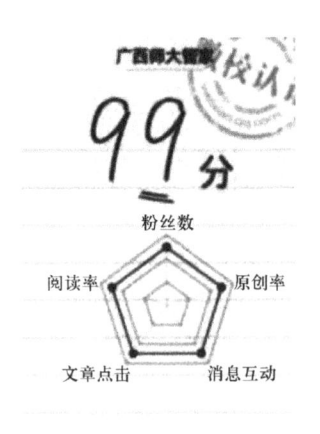

击败了全国99%的高校公众号

图6 广西师大管家公众号的极高认可度

案例二 从"内容变现"到"平台连接"?——小社群公众号的彷徨

2015年年中,管家开始进驻其他高校,分别在广西大学、广西民族大学、桂林电子科技大学、广西旅游学院、广西财经学院、广西艺术学院、桂林理工大学、广西鹿山学院等高校挖掘个性人才,组建团队。师大管家当时的总粉丝为10万+,其中广西财经学院管家创造了一天吸收粉丝7000+的纪录,2016年底管家的总粉丝超过20万。图7是管家系列公众号。

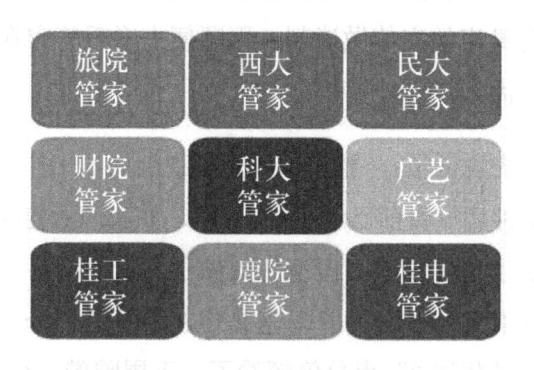

图7 睿界科技的管家家族

2.2 从功能到内容的转变

伴随着近年来高校官方微信平台的崛起,管家本来独树一帜的校车功能、成绩查询功能等被一一复制赶超,管家原本打算通过增加微信平台功能来吸引更多粉丝,但这一做法貌似已经失去了原本的优势。从2015年开始,睿界科技开始逐步打造新栏目、新服务,推出一系列以人物为主题的访谈内容,通过"女神志""师大青年"等栏目展现高校个性人物,展现他们背后的故事和不一样的自我,这些栏目在高校引起众多粉丝的追捧。

3 内容变现的困境

3.1 升级的内容需求

在整个管理团队中，卢施予是睿界科技团队的总管家，黄远胜是市场部经理，周雅璇主要负责战略规划，这一次的例会上只有卢总和周雅璇。黄远胜前一天晚上去了师大，准备第二天和阿莲就他们新开张的健身房的宣传做谈判，再顺便去看看管家在附近另外几所高校的运营状况。

卢施予率先说话了："雅璇，我先说说上周的工作进展。我们的主打栏目'女神痣'目前已经做了16期，如我们所愿抓住了学生的眼球，也吸引了很多粉丝，但上一周做了深入分析后发现效果与我们最初的想法有些出入。一直以来是你在负责这部分，不知道你之前有没有这样的想法？"卢总停顿看了一下周雅璇，继续说道："我们的人物专访做得貌似有些肤浅了，现在粉丝们对于'女神痣'的反馈越来越差，很多人觉得这些'女神'不怎么接地气。老实说，我们专访的这些学生虽然表面上看起来非常有个性，但实际上却不怎么个性得起来：虽然她们也很有特点，可真正谈到价值这一块儿，她们对大学生的影响力还是远远不够。很多时候，大家只是以一种娱乐消遣的心态来看这些'女神'的专访，了解到原来自己身边的确存在这样的人，可这些人的影响力其实并不怎么高。优质内容是微信公众号的生命之本，在接下来的发展过程中，我们该如何在内容质量上下功夫才能满足学生们越来越苛刻的要求，这个问题不得不引起重视，你觉得呢？"说完，他望着周雅璇，期待她的一些想法。"一路走来，我们首先在内容形式上满足了学生们的需求，可现阶段他们又进一步在深度上提出了更高的要求，其实我都很难再把握学生们的心理了。"周雅璇一脸的无奈，看得出来新闻系科班出身，一直想做真正媒体人的她在内容方面显得有些力不从心了。

既然暂时想不到好的解决方法，周雅璇转移了话题："现在汇报下我的工作吧，上周你不是在管家上推送了一期头条吗，那晚我跑到后台看了下大家的留言，其中有个同学的话对我触动很深，他说：'我很喜欢管家的文章，可是你们好久才出一期，我都快要忘记管家啦！'突然之间，我意识到了一个问题。现在我们团队人员有限，而管家一直以来又坚持质量至上的原则，这就导致我们没办法定期更新。现在管家基本上是一周进行一次推广，最少的时候基本上大半个月才能推广一次，这无形中降低了管家出现在大众视野的频率，十分不利于管家的粉丝积累。当时我就在想，有什么办法能让我们在坚持原则的前提下，又能提高推送频率，做到定期及时地更新，这是一个亟须我们解决的问题。"看到卢总若有所思地点了点头，周雅璇知道他之前应该也意识到了管家推送频率方面的一些问题。卢施予在电脑上敲完了字，接着说："远胜昨晚把他的工作总结交给我了，现在由我来做下汇报。"

"远胜这次主要想说的是粉丝互动这块儿。记得刚开始做管家的时候，我们每天除了睡觉之外都会在后台给用户解答各种问题，那段时间真的是忙疯了，好不容易才使管家走进了大家的生活。"回忆起那段日子，看得出来卢施予还是很开心。"现在，我们已经与最开始的那些用户建立了长期而稳定的信赖关系，可是在互动上却不能进一步拉拢这些忠实粉丝，可想而知，也就达不到顺带推广管家品牌的效果。同时我们的后台回复热情大不如前，粉丝量的增长自然也不抵最初的速度，出现这种情况是因为不能及时满足他们的需求，看看那些留言你就能发现，现在肯对我们说心里话的人越来越少了。在各种公众号泛滥，学生们的注意力又很容易转移的情况下，远胜说到了要更好地建立起与粉丝的连接，从而达到数量积累的滚雪球效应……"

"铃铃铃,铃铃铃……"办公桌上急促的电话铃声打断了他们的谈话。卢总刚拿起电话就听到了远胜的声音:"卢总,我是黄远胜,我和胡总谈不下去了,他们非揪着我们推广形式单一压价,还说要您亲自和他谈,您看怎么办?""先稳住他们,我一个小时后到。"挂断电话,卢总抓起衣架上的衣服对周雅璇说:"阿莲那边出了点问题,我得过去一趟,会议等我们两个回来后再继续。"

3.2 退缩的"变现"

由于通往阿莲健身房的路正在进行扩建维修,因此车子一路颠簸着。一个小时后,卢施予勉强赶到了谈判现场。见到卢总,一脸疲惫的黄远胜像看到了救星一样,紧紧地握住了他的手,说:"卢总啊,您终于来了!"谈判桌的对面,阿莲总经理胡晓莲也起身和卢总握了手。谈了几个小时,其实胡总也感到身心疲惫,不过她隐约能感觉到,卢总的到来意味着这场谈判即将结束。

"我们是继续呢?还是休息一下,下午再继续?"卢总坐下来后品了一口黄远胜刚递上来的茶,问道。

"您来都来了,我们就继续谈吧!"其实,胡总内心也很着急,像他们这种主要做大学生生意的企业,赶在开学的时候做推广,当然是最好的时机了,可是管家做宣传的形式太过单一,主要是文字一种(见图8)。随着生活节奏越来越快,现在的大学生很少有人静得下心去看文字性的东西了,这从她上大学的儿子身上就能看出来。此外,她之所以直接找到管家而没找其他的广告公司,一方面是因为管家是主要针对大学生的自媒体平台,且在学生群体中已经有了很大的影响力;另一方面当然是为了节约成本,这年头哪个企业追求利润的时候首先考虑的不是节约成本。

案例二 从"内容变现"到"平台连接"？——小社群公众号的彷徨

这个老板疯了！他说要请一栋楼的人吃饭！

(原创) 2016-03-21 苏咩咩&董小姐

广西师大管家

艾米士老板好任性！
他说要请一栋楼的人吃饭！！
纳尼？
因为他知道了一个让他痛哭的故事

图8　管家传统的图文推广案

"胡总，想必在刚刚的谈判过程中贵公司对我方的情况已经有了一个基本的了解。我们之前也帮很多商家做过推广，效果的话在我们整理的一些资料里提到了，而这些资料已提前发到了贵公司的邮箱，不知您是否有收到？"看到胡总点了点头，卢总继续说道："您也知道，我们是最了解学生市场的。如果您要是找专门的广告公司，肯定不止这个价钱。而且，我们是不免费做的。"虽然现在公司处境艰难，对方也知道公司的软肋（推广形式单一），但自己毕竟代表着整个公司，所以一上来就直击重点。

看到对方态度强硬，胡总的气势立马也就弱了下来，同时也认真思考了自己公司的立场，虽然这个价钱勉强可以接受，可就是这唯一的文字推广形式总让她感觉推广效果会不如意。"您说的话当然存在一定的道理，可这推广形式就只有文字一种，未免显得太单一了，所以贵公司的价格我方不能接受。"

胡总一下子就说到了自己的软肋。其实，卢总也一直在为推广形式而苦恼，思考现在的大学生除了文字以外还对哪些形式的信息比较感兴趣，相对而言，阅读应该算是获取信息最快速的方式了。"胡总，推送信息形式单一的确是我方目前做得还不够好的地方，但我们也是考虑到贵公司的情况不适合做线下推广。如果贵公司要求推广形式多样化，我方可以尽自己最大的努力为贵公司量身打造一个推广视频或者您要求的其他形式，不过这个费用的话毫无疑问是必须要再增加的，您看怎么样？"

"不行，这是我方能提供的最高价，不能再加了。"一听到要再加钱，胡总立马就回绝了，因为这真的是公司目前预算最高的推广费了，不然也不会就这个问题僵持这么久，虽然更多的方式能增强推广效果，但在没有经验的情况下制定新的形式容易没有保证，她可不想冒险做第一个吃螃蟹的人。

看到对方是真心不想再加价，卢总趁机说："您可以先试一下我们文字版的推广，如果效果没达到贵公司合约上的要求，我方可以再多送贵公司一期。关于您刚刚一直强调的推广形式的问题，我们回去后会慎重考虑的，希望今后能有更好的合作。"其实多送一期对于管家来说成本很低，不过抛出这个优惠对对方来说应该是有很大吸引力的，毕竟商家做一次推广需要花不少钱。

考虑了自己公司的种种因素，本来是打算在今天就把合约签了的，现在一听到可以多送一期，胡总立马开心地笑了："不是说贵公司做得不好，但你们站在我们商家的角度来想想，花同样的钱，谁不想有更好的效果？"胡总抬起手腕看了看表，谈了一上午，估计她已经饥肠辘辘了。

听到胡总这么说，卢总知道就此次推广活动基本上算是达成协

案例二 从"内容变现"到"平台连接"？——小社群公众号的彷徨

议了。胡总今天说的这些应该也代表着其他商家的一些想法，其实卢总内心深处很认同胡总的一些说法，觉得信息推广形式这块儿应该成为下一次例会讨论的主题。

3.3 心有余而力不足

虽然达成了协议，但返回途中卢总一直沉默，脑子里不断思考谈判中所说的"推广形式单一"。黄远胜忍不住向卢总抱怨："我们的内容形式真得调整了，不但商家们不断地向我抱怨形式单一，就是现在的学生想看文字的也很少，我认为管家一定要多推出视频和漫画。你看'伟大的安妮'发布的《对不起，我只过1%的生活》，有超过6000万的阅读量，这是多大的影响力！应该针对学生的需求，推出文字、视频、漫画三种形式的内容，这样，喜欢看文字的有文字，喜欢看视频的有视频，喜欢看漫画的有漫画，让内容更加立体（见图9）。"

图9 管家的新型内容形式

卢总没有回应，他心里非常清楚，内容以图文为主，形式单一，一直是管家系列的软肋，但是视频制作需要的技术和资本投入巨大，持续产出高质量视频的内容生产能力绝非三五个人所能拥有，需要的是一个拥有摄影、剪辑、脚本等能力的团队，而且还需要后期的渠道建设、试错和推广，成本很高。很多大V公众号的3分钟视频都是团队花两三天时间打磨而成的，而这些大V公众号均有风投支持，资金雄厚。管家地处三、四线城市，广告主实力有限，目前管家广告收入微薄，更多地通过各种活动策划来反哺管家。之前管家尝试做的快闪视频花费过万元，偶尔为之还可以，高频制作肯定难以承受。卢总想到这些，心情沉重。

4 "平台连接"的召唤

4.1 闲聊的顿悟

上周三就和老庞约好这周一起聚聚，恰逢今天心情好，卢总就打电话约老庞晚上7点整老地方见。老庞是桂林东艺传媒有限责任公司的总经理庞智锋，自从上次合作之后，又加上性格上相似，两人自然而然地成了好朋友。

晚上6:50卢施予就已经到了，在等老庞的过程中，顺便理了理这些天的各种思路。不久之后，未见其人先闻其声，还是那么熟悉："老卢，最近怎么样？别来无恙啊！"其实卢施予比庞智锋小很多，可是成了好朋友之后对年龄就没怎么在意了，而且称老卢显得更亲切一些。卢施予的思绪被打断，一听这声音就知道是好朋友来了，立马起身去和他拥抱。

"我身体很好，谢谢哥哥挂念了！可公司的事就不那么让人省心咯！"听到卢施予这么说，老庞也开始向他大倒苦水："上周，我们企业刚招没几个月的两个大学生连声招呼也不打就离职了，你说说让我现在立马去哪儿再找几个人，补上这两个空缺。唉……"叹完气,他继续说道:"由于学校教育体制的问题,现在的大学就像是一个大型生产加工厂,教育出来的学生缺乏大学生本该有的素质,远远达不到我们企业的要求,进到企业后还得进行二次培训,你也知道这个人力培训的成本有多大。不仅如此,有些学生培训完了就忘恩负义地跑路,这个时候我们这些企业才是真正的受害者。那次去腾讯,他们副总说的一番话简直说出了我们的心声:'很多学生问我,你们腾讯要什么样的人,要什么样的文凭,要什么样的资质。其实,我不需要那么多东西,你来面试,我给你出题,给你设置一些环节,你能把这些问题解决了我就要你,不能解决,给我再多东西我都不要,我就只要这些东西。'"

卢施予也感慨万千地说道:"当初在学校时我若是能早点认识自我、早点定位、早点规划未来,或许自己也就不会走那么多的弯路了。从大学生的角度而言,他们大多数都没有获取某些资源的能力,尤其对于像雁山这边的学生来说,出去后与同龄人相比就更缺乏竞争力了。为什么那么多的毕业生出去后,要么找不到工作,要么不喜欢自己的工作,就是因为没有那样一个能对接大学生和企业的平台,我现在也正在考虑这方面的一些问题。"

庞智锋又接过话来:"对,的确是这样。这就相当于一个围城效应,学校里的学生想出去看看,而我们这些企业家又想进去找到我们真正需要的人才。要是你那个平台能把这些资源整合在一块儿,充当大学生和企业之间的桥梁,那么于大学生、于我们这些企业都再好不过了。老弟,你觉得呢?"听到这些,卢施予像是又发现了新的商机。

4.2 高校的"超级碗"

和老庞聊完天后,已是晚上十点,卢施予回到办公室,躺在了办公室的沙发上。休息了半小时之后，他起身坐到办公桌前，打开了笔记本电脑。他对大家的想法进行了总结思考：高校学生需要什么？企业需要什么？学校和商家需要什么？管家的定位是什么？各方之间是否可以进行需求点结合？这个需求点是否可以通过管家来实现？渐渐地，他想到了一个类似于美国"超级碗"的商业模式。

第二天一大早，卢施予打电话催周雅璇和黄远胜到办公室开会。在办公室门口，周雅璇和黄远胜不期而遇。远胜对雅璇说："我打赌昨晚老卢没回家，睡了办公室。"雅璇哈哈大笑，回道："等会儿我们会看到一个蓬头垢面、满脸胡茬的胖大叔。"刚说完，卢总就打开了办公室的门，远胜和雅璇果然看到了他们想象中的那个人，两人忍不住笑出了声。然而卢总却完全不在意，等到他们一坐下，马上就将自己的想法与他们进行了分享。

"学生希望从一个平台获取商品的信息或者其他有用的信息，如特色商品、兼职信息、社会工作人员的工作经验、企业的招聘信息等。虽然现在很多网站都可以满足某一方面的需求，但是却没有集中这些信息的可靠平台。"

卢总喝了口咖啡，继续说道："另外，由于企业人力资源成本高，他们希望获取高效实用的人才，但是现在学校输出的人才大同小异，往往没有独具特色的人才，企业没有办法录用到最具有才华的人才，也没有时间和成本到高校去深入挖掘人才。但是管家是立足于高校的平台，我们平台的主要受众是学生，还有专门的写个性学生故事的栏目，我们背靠高校的优势可以帮企业挖掘他们需要的人才。"说到这里，卢总显得异常高兴，也许是因为在挖掘人才方面他们有比较大的优势，所以不用担心挖掘过程中出现的种种困难。

卢总收起微笑，顿了顿接着说道："我们原先的管家平台只是

案例二 从"内容变现"到"平台连接"?——小社群公众号的彷徨

注重功能的开发,希望通过增加功能来留住粉丝,没有进一步挖掘粉丝的需求,以及考虑他们与社会企业和社会工作人员对接的需求,为此,我们要想办法把学生与社会企业以及社会工作人员对接起来。"说到这儿,远胜和雅璇点了点头,对他这个想法表示认同,毕竟他们在学生时代也有过这样的需求。

卢总见他们两个点头不说话,便接着说道:"至于商家,他们的目的就是为了获得学生的关注,增加店铺的曝光率,从而增加顾客流量,我们管家的广告推广功能可以满足他们的要求。"

说完了以上三个主体,卢施予笑了一下,然后接着说道:"那么问题来了,我们管家到底是要干什么,我们的定位在哪里。也许我们可以这样想,把高校比作一个运动场,我们正在办一个学校版的'超级碗'。'超级碗'的正式名称为美式橄榄球(NFL)冠军总决赛,'超级碗'是其英文'Super Bowl'的意译。'超级碗'的对阵双方为国家联合会冠军与美联联合会冠军,比赛一般在每年1月份的最后一个星期日或是2月份的第一个星期日举行。'超级碗'的经济效益主要体现在旅游业、餐饮业以及NFL官网的产品销售上。此外,'超级碗'还是全球最为昂贵的决赛,以去年的'超级碗'为例,30秒的广告达到令人咋舌的300万美元。设想管家在办一场高校版的'超级碗',我们的商业模式与美版'超级碗'类似,不同的是我们高校版的'超级碗'是一场又一场的学生、企业、商家的表演。"

卢总看了看他们两个若有所思的表情,然后顿了顿,接着说道:"管家的首要任务是发传单,把学生、企业、商家吸引过来,然后让他们坐满'足球场'。管家的观众是高校内外的人,表演的题材是校内校外精英人物的生活,或者企业的文化故事展示,这样校内学生可以了解社会人士的日常以及企业的文化背景,校外人士也可以通过管家这个平台了解现在校园内的生活，而整个活动的物质消费就由商家负责。"听了卢总的话，雅璇流露出惊讶的表情，她没想到卢总竟然有如此成熟的商业想法。

卢总见雅璇陷入了沉思，就拍了拍桌子，提醒她集中注意，然后接着说道："另外，我们要安排好表演的节目和演员，演员一般安排社会上比较有代表性的人物和学校里面的个性人物，当然还有社会知名企业的代表，这样可以满足观众也就是学校学生和社会企业的口味。在这个表演的过程中，学生可以充分展露他们的才华，吸引企业的注意。如果企业觉得学生展现出的才华可以满足企业的要求，那么企业就可以对其进行考核录用；如果企业觉得学生尚不适合企业，那么我们可以给学生提供第三方培训，让学生经过培训之后具有适应社会发展的能力。当然在这个舞台上，企业也可以作为表演者，如果他们的表演可以吸引到学生进行互动，这也是个很好的招聘途径。在企业与学生互动这一块，我们起到的作用实际上就是猎头公司的作用，只不过我们物色的人才是我们平台主要的粉丝群体，也就是高校学生。"远胜听到卢总这个奇妙的想法，心里乐开了花，忍不住笑出了声，卢总被这突如其来的笑声打断了，远胜赶忙收起笑容，点点头提示卢总继续。

卢总整理了一下思绪，接着说道："此外，管家平台要建立一个知识库，提供各类有营养的公开课，向学生提供学习资源，以便他们快速地学习社会所需要的知识。对于我们而言，作为一个提供平台，可以收取一定的课程费用。好了，这就是我的初步想法。"然后卢施予长舒了一口气。

听完卢总的想法，大家都觉得这个业务模式必将是微信公众号平台的最终发展模式。卢施予见自己的想法得到了大家的初步认可，自然非常高兴，但是他也清楚高校"超级碗"只是一个初步的设想，

案例二 从"内容变现"到"平台连接"？——小社群公众号的彷徨

具体业务构架如何、如何实现、如何推广和盈利还需要仔细设计与规划。卢施予让周雅璇和黄远胜按照这一想法分别设计一份具体的业务框架和推广计划，一周后交给他。

一周后，周雅璇和黄远胜完成了他们各自的方案，三人在卢施予的办公室再次碰头，进行了更为深入的讨论。

4.3 "内外连接"的平台

卢施予一边看着周雅璇交上来的业务架构（见图10），一边听她介绍，感到自己原先的憧憬正在逐渐地落实。

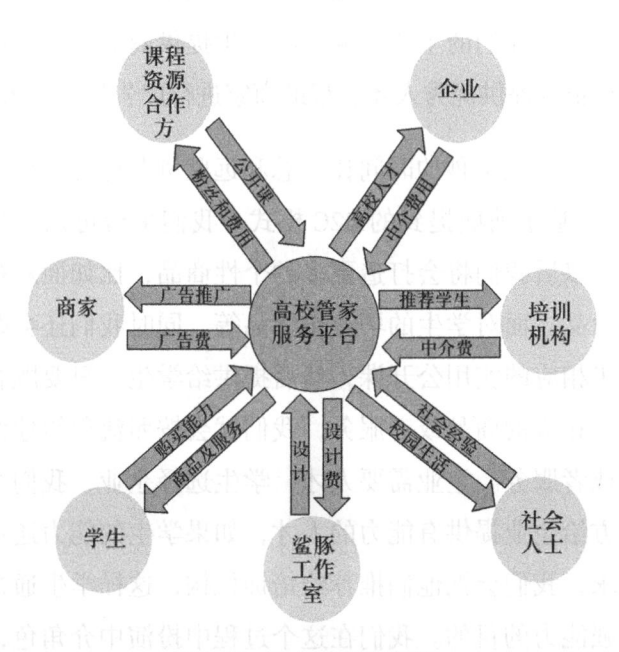

图 10 平台业务框架图

"基于卢总的构思与现在微信公众大号的业务模式，我认为我们平台可以采取B2C模式和B2B2C模式。"站在屏幕前的周雅璇说道。见卢总和远胜在很认真地听她说话，她接着说道："首先，由于我们会打造自己的专有品牌，因此我们在学生这块会采取线上购买及时送货上门的 B2C 模式，学生可以通过我们的平台获得自己想要的特色商品。由于我们是一个资源整合服务平台，我们没有专门的设计工作室，但是我们会与设计工作室合作，可以提供学生需要的特色商品，比如毕业纪念服装，只要学生在我们的平台购买相应的商品，我们就会在规定的时间送货上门。同时我们平台还充当企业与学生对接的中介机构，为此我们还有 B2B2C 的商业模式，这个模式能不能成立，关键在于我们平台的影响力和资源的整合能力。"

说到这里，周雅璇稍微停顿了一下，见卢总未提出疑问，便继续说道："根据我们平台具体的业务架构，我们平台的定位是商品和服务的提供方，我们的主要业务是给学生提供商品和培训以及就业的机会、给企业提供优秀人才、帮助商家进行广告推送三大类。"

雅璇给了大概十秒的时间让卢总和远胜浏览业务框架图，然后接着说道："基于前面提到的 B2C 模式，我们平台可以先打造几款个性服饰，以后我们将会打造更多的个性商品，比如面对社会人士的学校纪念品、面对学生的毕业纪念品等。同时我们还会跟第三方合作，购买相应的实用公开课，然后提供给学生。只要顾客在我们的平台购买相应的商品或者服务，我们就会按照流程给他们提供相应的商品或者服务。企业需要人才，学生选择企业，我们可以作为一个第三方给企业提供有能力的人才，如果学生的能力还不能满足企业的要求，我们会把他们推荐给培训机构，这样学生通过培训可以达到增强能力的目的。我们在这个过程中扮演中介角色，无论是推荐人才给企业，还是推荐学生给培训机构，我们都会收取一定的费用。当然，我们作为一个中间的服务商，还要发挥监管的作用，通过一套标准规范的流程对企业、商家、培训机构进行资格审核、监管等，只有这样才能让学生相信我们的平台，信任我们的服务。"

"当然,管家是一个服务平台,要非常注重与学生的互动,只有良好的互动才能保持良好的粉丝黏性。具体主要业务框架描述可以翻阅报告的第十页。"说完这个,雅璇把报告翻到了第十页。

卢总听了周雅璇的报告后满意地点了点头,然后把报告翻到了第十页,见上面写道:

高校微信公众号服务平台主要业务框架描述

基于高校市场以及社会企业的需要,平台主要向学生、企业、商家分别提供以下三大类服务。

一、提供给学生的服务

1. 针对学生打造优质原创内容

管家历来坚持原创。为了确保原创内容的质量和用户的忠诚度,文章均出自管家团队之手。通过长期的原创努力,管家的每篇文章都收获了良好的评价。今后,管家还会推送更多的原创内容给粉丝,同时形式会更多样化,比如推出视频或者漫画等形式的原创内容。另外,要保证内容的推送频率和推送时间,这样才能让学生形成习惯,有选择地去阅读我们的内容。

2. 为学生打造个性商品

不少大的微信公众号最终会选择电子商务形式实现盈利,我们的平台也会针对学生群体打造我们自己的商品或者服务,如毕业纪念品、个性品牌服饰,以及毕业季活动策划执行、表白策划执行等。当然我们也会去整合我们手中的资源,出售高校名师或者本土企业家推荐的书籍。

3. 为学生提供实用性公开课

这方面需要整合我们手中的资源，包括与腾讯视频等合作。前期我们会免费提供一些实用性的课程，但是等到粉丝稳定和平台运作稳定的时候，我们会收取一定的费用，这样，公开课的模式才能长期稳定地发展下去。

二、提供给企业的服务

1. 为企业挖掘优质人才

我们管家背靠高校，加之历来注重对学校个性人物的采访，所以在挖掘学校特色人才方面我们有独特的优势。为此，企业通过我们平台获取优秀人才是一个比较明智的选择，而我们要做好对个性人物的考察，确保我们推荐的人才符合企业的需求。

2. 帮助企业宣传，提高其知名度

管家本来就是一个高校服务平台，如果企业具有实力且经营理念比较新潮，那么，我们会在管家的原创内容里推送企业的广告，从而提高企业的知名度。当然我们会有选择地推送企业的广告，如果降低了对企业的要求，那么企业不良的形象也会影响我们平台的形象。

三、提供给商家的服务

1. 进行广告宣传，帮助其提高知名度

软文是一种传统的广告宣传形式，由于其故事性比较强，因此不易引起反感。但是现在的广告形式已经多样化，在以后的广告推广中，我们会尽可能地尝试新形式的广告。对广告商的选取也要有一定的门槛，我们不能为了短期的利益帮助不良商家推送广告或者推送虚假广告，因为这样会损害平台的形象。

2. 帮商家进行活动策划

商家除了打广告之外,还需要一连串的活动策划。我们会在广告推广服务项目中附送简单的活动策划,但是如果商家需要我们针对一些复杂的活动进行策划,我们会根据活动情况和规模收取一定的费用。在帮助商家进行活动策划的过程中,我们要注意活动执行中容易出错的地方,这样才能保证我们策划的可行性,赢取商家的好感。

3. 活动的执行

管家有举办活动的经验,如果商家需要我们帮助他们进行具体的活动执行,我们也会根据具体的情况收取一定的费用。在去年的城市趣跑活动中,管家负责能量棒环节,发挥出色。在今年的城市趣跑活动中,管家负责场地的谈判和售票。这是一个很好的学习机会,管家要抓好细节,把活动做好,这样才能增加管家的经验,才有利于管家后期的费用谈判。

见卢总抬头,周雅璇又继续说道:"此外,作为一个高校服务平台,管家要时刻注意分析学生的消费和阅读浏览习惯,只有这样,才能从数据中看出学生的行为倾向,才能使管家更有针对性地提供服务。"

周雅璇俯身面向卢总说道:"卢总,如果您觉得采用这种业务模式可行的话,我们将进一步做出具体的细节规划。"

卢施予对周雅璇的业务服务方案较为满意,但是一时无法做出决定。他点点头,对周雅璇说道:"你的方案我再仔细看一下,晚些再做商讨。"

"好的,卢总。"见卢总对自己的方案较为满意,周雅璇舒了一口气。她回到了原先的座位上,继续听市场部经理黄远胜的市场调研报告。

4.4 空白市场的探路者

黄远胜起身站到白板前，带着一贯的自信和稳重开始介绍他的调研结果与营销方案："卢总，艾媒咨询数据显示，微信公众号用途中，教育/学习知识、获取新闻资讯、休闲娱乐是三个最主要的用途（见图 11）。如果针对学生推出有用的公开课程、个性商品，那么将会具有一定的市场。由于我们管家的文章属于原创，且质量较高，因此可以吸引一定量的粉丝。"说到这儿，黄远胜笑了笑，接着说道："由 2016 年 3 月 31 日到 2016 年 4 月 28 日广西师大管家的图文页阅读人数和图文页阅读次数来看（见图 12），每逢广西师大管家推出新的内容，它的阅读量都会提高，其中 4 月 20 日到 4 月 24 日的阅读人数为 15893 人。可以看出我们广西师大管家的图文信息还是比较受粉丝欢迎的。另外，艾媒咨询数据显示，在微信公众号上购买过产品的用户占比接近七成，未来微信公众号购物的市场空间巨大。"

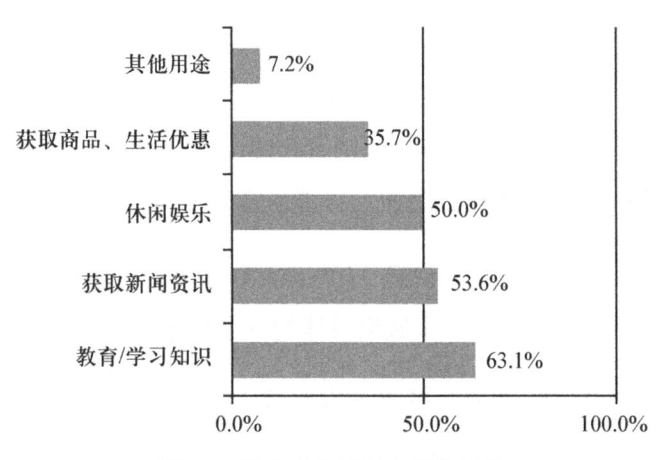

图 11 微信公众号用户关注目的

听到有七成的顾客在微信平台上购物，卢施予微微地点了点头。然后黄远胜接着说道："众所周知，学校有很多的官方微信平台，都是学生在进行管理，其管理并不是很有效率，甚至页面都粗糙不堪，学校只是用其进行日常的活动宣传，或者做一个活动新闻

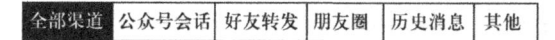

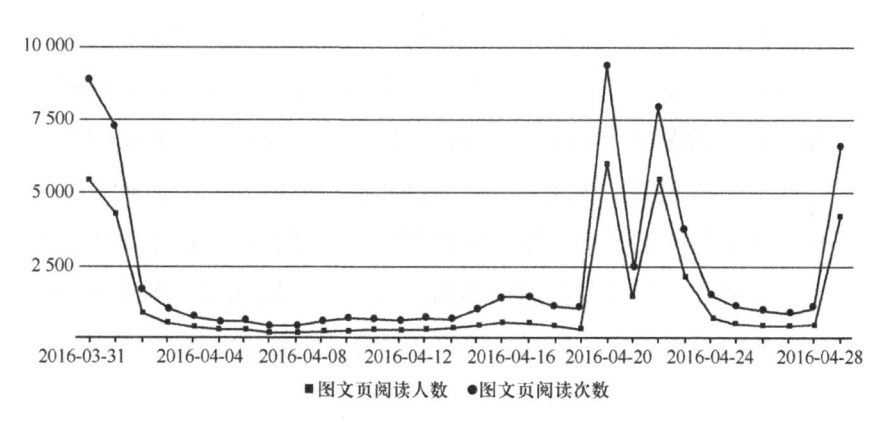

案例二 从"内容变现"到"平台连接"?——小社群公众号的彷徨

| 全部渠道 | 公众号会话 | 好友转发 | 朋友圈 | 历史消息 | 其他 |

图 12 广西师大管家图文阅读人数

总结。很多学生在关注了以后很少对其内容进行阅读,学生之所以关注此类平台主要是运用一些校车查询功能、成绩查询功能等。由此可知,此类平台没有什么优势,也不会和我们有什么业务上的冲突。"

说到这里,黄远胜整理了一下思路,开始进一步介绍自己的营销方案:"目前微信公众号给我们提供了很多机遇,特别是针对高校学生的个性商品市场、针对学生的公开课、链接高校人才和企业等方面基本处于空白状态,为此我们平台的发展前景是巨大的。然而,我们的平台在实际的推广运用中面临的问题是不容忽视的。"说到这里,远胜顿了顿,吐了一口气,接着说道:"首先,我们的平台已经不能更换名称了,只能延用管家这个俗不可耐的名字。但是我们可以更换我们的LOGO,让我们的LOGO更具活力和个性。"

听到这里,卢施予苦笑地点头表示赞同。远胜也微笑地看着他们两个,然后继续说道:"我们的平台现在应该做的是针对资源整合、推广、成长、衰退等阶段采取相应的措施。"台下两个观众点点头表示赞同,然后远胜眉头紧锁,严肃地说道:"我们平台的业务由于涉及了公开课内容,因此我们要做好与相关资源提供方的洽谈,确保我们有稳定的内容提供方;平台还应与企业构建好输送人才的机制,确保企业的资质,同时针对企业的要求对学校的学生进行日常考核遴选,只有这样,我们才能确保学生和企业获得良好的互动互利效果;平台还与培训机构有业务合作,由于学生是相信我们的平台才会选择我们推荐的培训机构,因此对培训机构整体实力的考察必须到位,这样才不至于让不合格的培训机构毁坏我们的名声。"

说完了资源整合的注意事项,远胜喝了一口水,抖擞抖擞精神接着说道:"在平台的进一步推广阶段,我们还必须考虑很多的因素。现阶段各高校管家的总粉丝数为5万+,但是如果我们宣布增加一系列的商务活动,也许会出现掉粉的情况。为此,如何进行推广是一个必须正视的事情(见图13)。目前我们主要还是以低价策略做一些地上活动推广,先尽量吸引高校粉丝,然后逐步把我们的业务清楚明晰地告诉受众。当然业务需要一点点地增加,如果业务太多,团队建设跟不上,会影响服务效率,最终会影响平台形象。

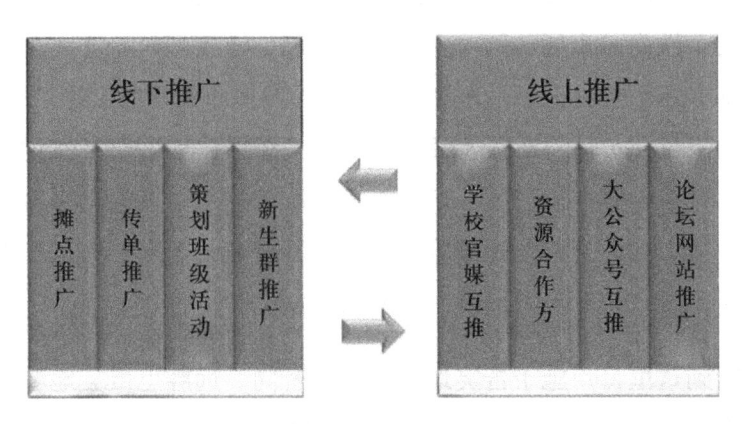

图13 推广方式

案例二 从"内容变现"到"平台连接"?——小社群公众号的彷徨

另外,对于我们刚进驻的学校,我们要有固定的内容推送频率,还要注重与粉丝的互动,只有这样才能增加粉丝黏性。当然为了增加我们的知名度,我们会选择与大的微信公众号进行互推。对于相关的课程内容合作方,我们也应该与他们建立互推机制,只有这样才能更快地提升平台形象,增加粉丝数目。"

也许是接近了尾声,黄远胜放缓了讲话的速度,接着说道:"我们今年的推广计划主要有毕业季推广、新生开学季推广、校运会推广等(见图14)。"

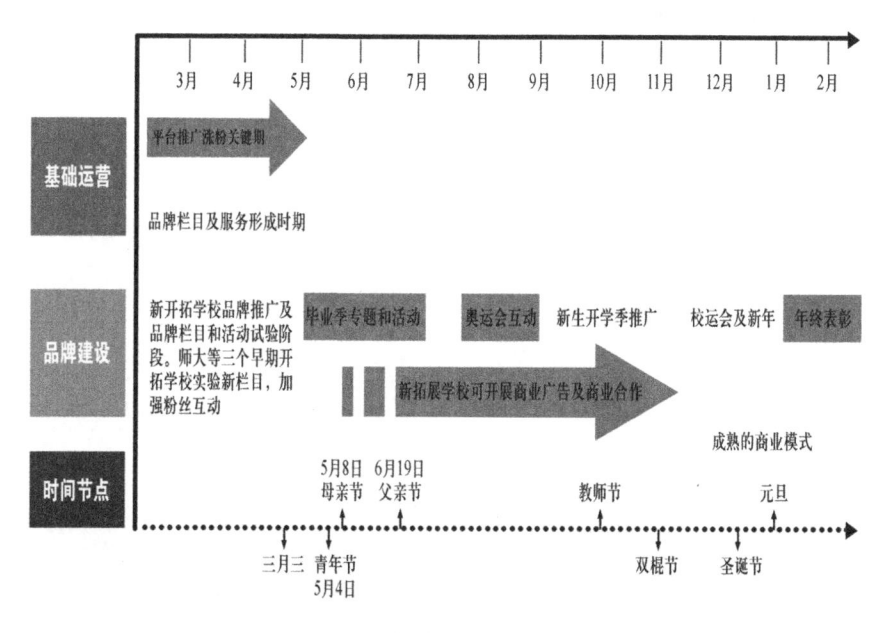

图14 管家年度推广计划

对于黄远胜的营销方案,卢总也没有立即做出表态,只说了句"细细研究之后再进行进一步的商讨"。

5　尾声

等周雅璇和黄远胜离开办公室后，卢施予又反复仔细地阅读了两份报告，陷入沉思。"平台连接"业务框架看似完美且具有很强的盈利前景，但是在平台业务构建的过程中资源整合的难度非常大，如何整合资源是这个业务平台需要处理的问题。扩大公司的业务可能分散公司资源，影响内容生产，而内容是公司赖以生存的基础。卢总在房间里踱来踱去，心里开始变得犹豫，是该继续坚持"内容为王"的道路，还是围绕社群"连接一切"呢？外面开始下起了小雨，远处的桂林山水在烟雨中若隐若现……

案例二 从"内容变现"到"平台连接"?——小社群公众号的彷徨

案例研究

一、研究目的

本案例以睿界网络科技有限公司应对公司成长性问题的过程为主线,通过对案例的深入分析,旨在了解、掌握和思考以下三方面的内容。

(1)了解社群商业模式的复制性与成长性困境。

(2)掌握社群商业模式的分类与特点。

(3)思考如何设计社群商业模式的关键性活动,探索应对成长性困境的对策。

二、启发思考题

(1)公众号与传统内容网站的商业模式有哪些差异?社群营销商业模式有哪些类型?

(2)睿界网络科技有限公司目前的商业模式是什么?有什么特点?

(3)试分析睿界网络科技有限公司商业模式面临的核心问题。

(4)试分析睿界网络科技有限公司转向"平台连接"的可行性。

(5)如果你是该公司的总经理,你会如何抉择?你是否有其他更好的社群营销方案?

三、分析思路

下面提出本案例的分析思路，仅供参考（见图A）。

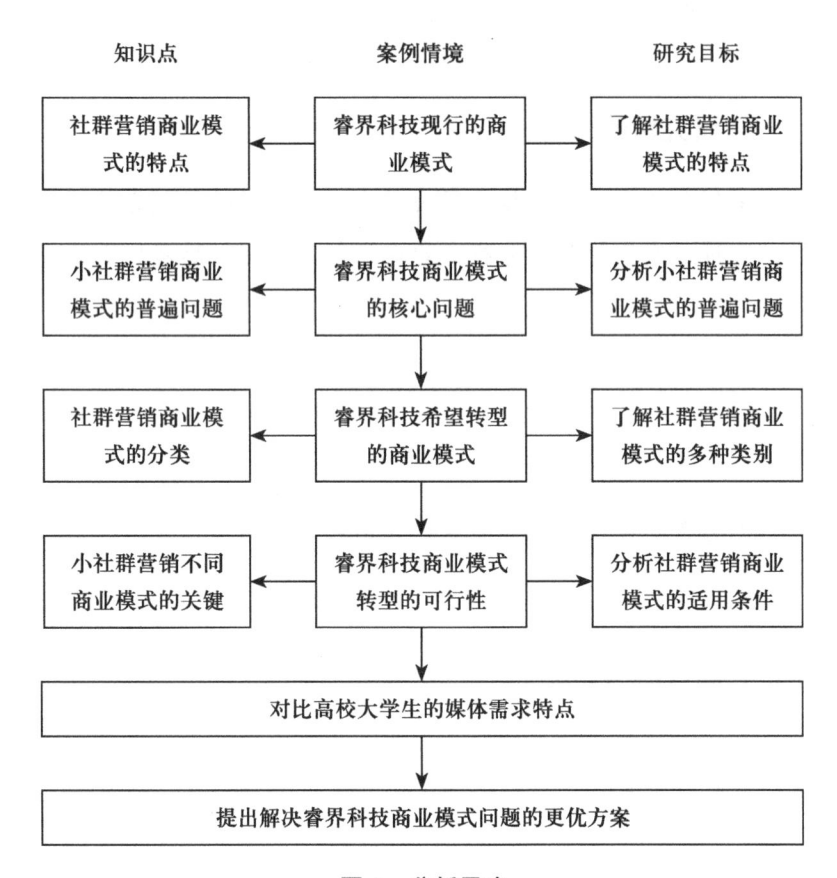

```
知识点              案例情境              研究目标

社群营销商业模     睿界科技现行的商     了解社群营销商业
式的特点       ←→  业模式          ←→  模式的特点
                        ↓
小社群营销商业     睿界科技商业模式     分析小社群营销商
模式的普遍问题  ←→  的核心问题      ←→  业模式的普遍问题
                        ↓
社群营销商业模     睿界科技希望转型     了解社群营销商业
式的分类       ←→  的商业模式      ←→  模式的多种类别
                        ↓
小社群营销不同     睿界科技商业模式     分析社群营销商业
商业模式的关键  ←→  转型的可行性    ←→  模式的适用条件
                        ↓
          对比高校大学生的媒体需求特点
                        ↓
       提出解决睿界科技商业模式问题的更优方案
```

图A 分析思路

越来越多的企业将微信公众号作为企业的展示窗口，并将其作为与用户沟通的桥梁。2015年底，微信公众号已经突破1000万的规模。2015年77.4%的受访手机网民表示已经关注微信公众号，而媒体和企业为用户最主要的关注对象。大量的研究报告显示，社交媒体越来越成为公众获取各类信息的主要渠道。大量大V级公众号横空出世，不仅在短时间内积聚百万粉丝，而且获千万级融资，然

案例二 从"内容变现"到"平台连接"?——小社群公众号的彷徨

而更多小社群公众号并未真正实现盈利。在此背景下,小社群营销者应该如何认知不同的商业环境,如何把握小社群营销的特性,从而制定更有效的社群营销方案,成为转型中的社群营销者需要考虑的重要问题。本案例首先明确公众号商业模式的特点,在此基础上分析小社群营销商业模式的普遍性问题;其次,通过对案例的分析,探讨案例企业进行商业模式转型的特点,以及转型的可行性;最后,结合高校大学生的媒体需求特点,提出更优的小社群营销方案。

四、理论依据与分析

1. 公众号与传统内容网站的商业模式有哪些差异?社群营销商业模型有哪些类型?

【理论依据】

商业模式是指企业如何创造价值、传递价值和获取价值的基本原理,一般可用九项基本组成模块来描述和定义,并以此展示出企业创造收入的逻辑。其中,九项基本组成模块分别是客户细分、价值主张、渠道通路、客户关系、收入来源、核心资源、关键业务、重要合作、成本构造。

社群营销就是基于相同或相似的兴趣爱好,通过某种载体聚集人气,通过产品或服务满足群体需求而产生的商业形态。社群营销的载体不局限于微信,各种平台都可以做社群营销,如论坛、微博、QQ群甚至线下的社区。

做社群营销的关键是有一个意见领袖,也就是某一领域的专家或者权威,这样比较容易建立信任感和传递价值。通过社群营销可以提供实体的产品满足社群个体的需求,也可以提供某种服务。各种自媒体最普遍的是提供服务,比如招募会员,会员进入某个群可以得到专家提供的咨询服务等。社群营销商业模式的类型如表A所示。

表A 社群营销商业模式的类型

类型名称	关键能力	价值主张	价值网络	盈利模式	代表企业
自媒体人格类	塑造出魅力人格	更强调开发出消费者的情感归属价值	明显层级，由一个核心的"魅力人格体"领导	通常以"连接"作为核心资产，围绕流量开发产品和服务	罗辑思维、吴晓波读书会等
产品概念类	以人为核心的产品情感属性	更强调开发出消费者的情感归属价值	明显层级，即"中心化"趋势，由一个核心的"产品人格体"领导	立足基础产品，后期进行衍生产品开发	黄太吉煎饼、青橙手机、nextbuy等
功能聚合类	高起点，专业性的社群势能	强调消费者的社交及自我实现价值，即由于社群的圈子聚合效应发挥网络外部性而产生价值	分散化节点，核心领导相对弱化	面向圈子提供高附加值的服务，同时发挥开发流量的商业价值	知乎、钛媒体、binggo+等

2. 试分析睿界网络科技有限公司商业模式面临的核心问题。

【理论依据】

社群营销的内在驱动是互联网技术和移动终端的迅速普及，互联网基础设施的日渐完善，个体革命与需求升级，以及"再部落化"的内在诉求。目前，社群营销普遍面临着"规模化"与"个性化"的冲突，以及社群的复制性与成长性困境。社群营销商业模式的特点如图B所示。

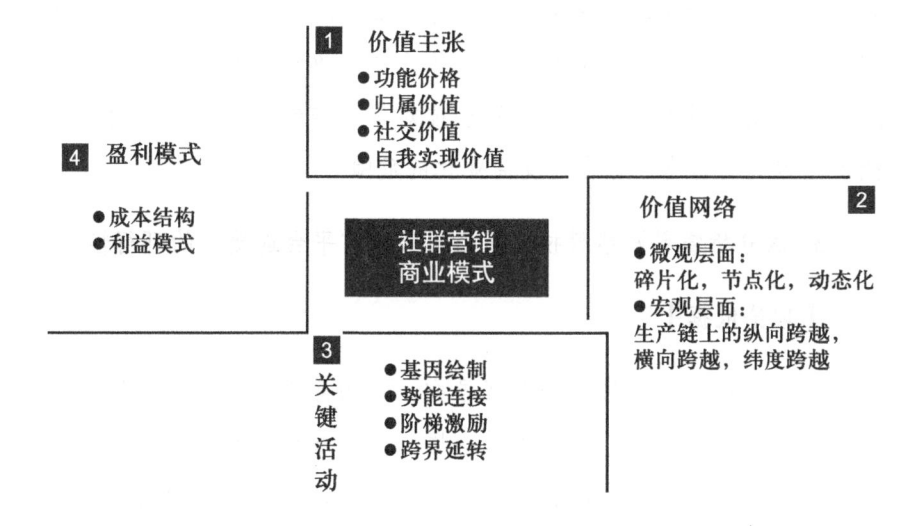

案例二　从"内容变现"到"平台连接"？——小社群公众号的彷徨

```
1  价值主张
   ●功能价格
   ●归属价值
   ●社交价值
   ●自我实现价值

4  盈利模式
   ●成本结构
   ●利益模式

           社群营销
           商业模式

                              价值网络                2
                              ●微观层面：
                              碎片化，节点化，动态化
                              ●宏观层面：
                              生产链上的纵向跨越，
                              横向跨越，纬度跨越

3  关键活动
   ●基因绘制
   ●势能连接
   ●阶梯激励
   ●跨界延转
```

图 B　社群营销商业模式的特点

【案例分析】

睿界科技缺乏能够持久的互联网产品，而持久的产品一定是拥有强价值观的产品。反观 Facebook，其价值观非常明确，扎克伯格也会在各种场合宣扬，Facebook 的存在是为了使世界更加开放和保持连接，而不仅仅是建立一家公司。Facebook 希望所有员工每天都能够在做每一件事情时专注于如何为世界带来真正的价值，专注于影响、快速行动、敢于冒险、保持开放、打造社交价值。

睿界科技产品本身的创新力不够，被超越只是时间问题。相对封闭性是睿界科技商业模式不佳的最重要原因。公司一直在几款内容产品上止步不前，缺乏更进一步的社交生态的维系，难以实现优质内容的自我循环。对于社交产品，内容生产是核心竞争力之一。无论是微博还是微信，都有一种有效地触发用户内容生产的机制。人人网在走下坡路之时，"没有优质内容生产，垃圾分享泛滥"在某种程度上成为人人网的一个标签，如在微博看了好几遍的段子在人人网上才刚被炒热。后来崛起的微博和微信，分别依靠大V与粉丝文化、熟人圈私人生活分享和自媒体生态，推动内容源源不断地生产，培养用户黏性。另外，睿界科技对平台控制和经营的初心终究抵不过盈利的诱惑，存在过度商业化的危险。

3. 试分析睿界网络科技有限公司转向"平台连接"的可行性。

【理论依据】

整合营销理论的核心是顾客导向，认为品牌和顾客之间的关系不应局限于靠公关和广告来维护。唐·舒尔茨认为整合营销传播是以受众为导向，战略性地整合各种营销渠道，注重对绩效的测量以达到与顾客建立长期品牌联系的观念和管理过程。

整合营销传播是以受众为导向的，对多重营销渠道的综合运用。这里的受众包括消费者，也包括其他的利益关系群体。整合营销传播与传统营销传播的本质区别是"受众导向"。整合营销传播是企业将受众作为主导，通过建立与受众的良性沟通使品牌关系得到持久而稳固的发展，从而获得更大的利益。整合即统一，整合营销传播理论在最初指的是传播形式上的统一，通过广告、公共关系等传播活动创造"一个形象和一个声音"。随着时代的进一步发展，整合营销传播理论也发展得更为完善。唐·舒尔茨等学者提出了用于进行"整合"运作的四阶段说，即第一阶段是战术协调，第二阶段是重新界定营销传播范围，第三阶段是信息技术的应用，第四阶段是关于财务和战略的整合。四阶段说指明了随着时代的发展和技术的进步，整合营销传播的研究方向也逐渐从理论转向了实践，通过对信息技术的运用，把定义理论发展为对执行效果的研究。

唐·舒尔茨在《从研究到洞察》中提出，要想实现整合营销传播的整合效果，关键是要把顾客价值整合进企业的价值和战略，必

案例二 从"内容变现"到"平台连接"？——小社群公众号的彷徨

须兼顾顾客利益和企业目标。以前的营销往往过于注重对市场和顾客的研究，目的在于从顾客身上获取更多利益。然而随着互联网的发展和新媒体时代的到来，买方卖方的关系发生了转变。顾客拥有了更多的知情权、选择权以及话语权，他们可以通过网络获取更多关于商品的信息，从而货比三家选择最中意的产品。当顾客对产品不满意时，还可以通过网络发表意见，并迅速通过网络传播开来，从而对卖方产生不好的影响。因此，想要营销效果最大化，就要兼顾企业价值和顾客价值，洞察购买者的需求，实现买卖双方的利益最大化。新媒体时代的整合营销传播既包括了传统媒体，如平面媒体等媒介资源，也包括了互联网等新兴的媒介资源。显然，互联网更符合人们碎片化的生活节奏，因此互联网成为当今整合营销传播活动的中流砥柱。2014年最为经典的网络整合营销案例当属可口可乐歌词瓶的创意营销。在2013年可口可乐昵称瓶为其带来20%的销量增长之后，可口可乐再次打响了新一轮的营销战役。瓶身上的歌词从周杰伦到五月天，从世界杯到毕业歌，既照顾到了不同的年龄层，又应景地抓住了时下热点。可口可乐首先对意见领袖进行定制化产品投放，再利用明星在社会化媒体上的影响力制造信息高点，引发有关粉丝自主扩散，从而带动更多的消费者。可口可乐的官方微博也会发布有关瓶身歌词的微博，带动粉丝发布最爱的歌词，从而达到营销目的。

【案例分析】

睿界科技可以以管家的人格吸引价值观相同的人，帮助会员匹配需求，达成"自我""自由""思想独立"的社会认同。但是睿界科技将面临几大挑战：如何有效利用各个平台？——平台之挑战。如何维护社群的活跃度？——运营之挑战。如何在社群中进行推广？——传播之挑战。

4. 如果你是该公司的总经理，你会如何抉择？你是否有其他更好的社群营销方案？

【理论依据】

整合客户关系管理（ICRM）是为克服 CRM 实践中的固有缺陷而提出的解决方法。ICRM 提供了在市场竞争中根据客户的需求定义并构造客户关系的理论框架。同时，ICRM 还提供了有效进行客户关系管理的实践指南及标准过程。在 ICRM 的实践中，建立密切的客户关系被确立为企业市场营销的首要任务。ICRM 要求企业所有的市场营销功能都服务于增强企业的客户关系。ICRM 把客户的需求放在市场营销实践的中心位置，并根据客户在市场竞争中的基本需求来定义客户关系。它将企业主要的市场营销功能统一到增强企业与客户关系的过程中。

首先，ICRM 将客户关系定义为企业与客户之间的无形联系，并从客户的需要出发来定义客户关系。在 ICRM 实践中，客户需求构造价值，价值决定客户关系。这无形的客户关系是驱动客户"忠诚"行为的根本因素，也是帮助企业建立持久竞争优势的根本因素。要赢得一个客户的"忠诚"，只将该客户的户头保留在企业的数据库中，或通过各种手段促使该客户不断购买企业的产品是远远不够的。企业必须通过提供比其竞争对手更多的价值来与客户真正建立密切的关系。其次，ICRM 在市场竞争中定义客户关系。在 ICRM 实践中，客户关系是具有竞争性的。ICRM 管理的是竞争的客户关系。最后，ICRM 把企业主要的市场营销功能（如市场细分、市场定位、品牌管理，以及数据库市场营销等）都统一到一个企业的市场营销过程中，并通过"放大"（Zoom In）及"缩小"（Zoom Out）的整合分析过程来制定市场营销战略，以达到增强客户关系的目的。"放大"过程（从市场到数据库）：ICRM 首先分析市场上竞争的客户关

案例二 从"内容变现"到"平台连接"？——小社群公众号的彷徨

系，然后将这种竞争的客户关系结构投射到企业的数据库中。"缩小"过程（从数据库到市场）：ICRM 根据市场竞争客户关系结构来分析企业数据库中的数据，然后根据分析的结果来制定市场竞争中客户关系管理的战略。ICRM 是一个整合的过程：数据的整合，市场营销功能的整合，以及数据库与市场的整合。通过整合，ICRM 克服了目前 CRM 实践中的种种缺陷。

【案例分析】

睿界科技应突出"整体碎片化，局部节点化"，通过"有序保证成长，无序创造价值"，形成社群灵魂，聚拢价值观相似的人。它应该建立主要节点，以自己为轴心，聚拢身边的散点。对内参与活动设计推广，对外造势。重视网络中的"散点"，因为其具有高度流动性，可以充当铁杆粉丝的后备库。区分不同级别的会员特权、差异化的活动及产品，筛选铁粉，强化群内价值观；形成半封闭会员制度；向会员征集点子，激励会员自动参与互换资源；跨平台延伸，开发周边产品（见图 C）。

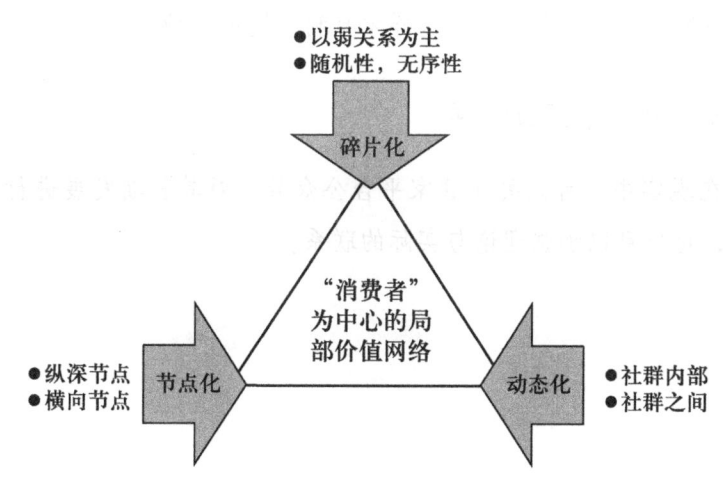

图 C "消费者"为中心的局部价值网络

五、背景信息

此案例描述了卢施予参加完腾讯"互联网＋校园大会"后对管家平台后期业务模式进行选择的心路历程。案例的编写建立在对管家负责人卢施予进行两次面对面访问、三次电话访问的基础上。

管家公众号是桂林睿界网络科技有限公司开通的高校微信服务号。管家公众号在成立后两年的时间内成功进驻广西的十大高校，目前粉丝众多。

六、关键要点

充分了解高校市场是高校微信服务平台开展电子商务的重点，为此首先要对高校市场的需求进行分析，从而确定高校微信服务平台的业务模式。其次，要正确地预估微信服务平台发展面临的主要问题，并针对问题给出合理的对策，尤其在资源整合的过程中一定要合理地估计困难，否则如果资源整合失败，会影响到整个高校微信服务平台架构的运行。最后，要对新技术的更新时时关注，并在第一时间学会使用和推广，这样才有利于抢占市场。

七、案例的后续进展

在现实中，可以关注管家平台公众号，对其长期发展进行深入研究，这样可以加强理论与实际的联系。

案例三

"尿检之王"开发全球市场的创业历程[*]

摘要：本案例描述了一家地处四线城市的体外诊断仪器中小型企业利特公司如何突破国际巨头林立的行业结构，抓住国际市场的发展机遇，充分利用国内市场积累的优势，积极开发国际市场的创业历程。本案例着重描述其国际市场开发的递进阶段，并描述在国际化进程中市场选择决策、市场进入模式决策、4P适应性决策、营销组织决策、跨文化管理决策等的演进过程。同时描述了该公司随着国际化进程的深入，面临着国际营销模式升级、产品结构优化等一系列国际化问题。

关键词：国际营销；医疗器械；体外诊断；市场进入模式；市场适应

---

*1. 本案例由刘强撰写，作者拥有著作权中的署名权、修改权、改编权。（广西师范大学2011级MBA学员黄杰对本案例调研提供了很多帮助，企业管理专业硕士研究生匡淼云、付海红、李嘉佩参加了本案例调研、资料整理和讨论。）

2. 本案例授权中国管理案例共享中心使用，中国管理案例共享中心享有复制权、修改权、发表权、发行权、信息网络传播权、改编权、汇编权和翻译权。

3. 由于企业保密的要求，在本案例中对有关名称、数据等做了必要的掩饰性处理。

4. 本案例只供研究分析之用，并无意暗示或说明某种管理行为是否有效。

1 公司发展现状

1.1 公司总体发展现状

桂林利特医疗电子（集团）有限公司是由多个公司联合组成的集团公司。公司总部位于漓江之滨，公司初始主体是桂林医疗电子仪器厂，主要生产尿检设备。1984年，公司从日本京都第一科学株式会社引进了国内第一条尿液分析仪生产线。1985年，国内第一台尿液分析仪生产下线，宣告了尿检设备国产化进程的开始，并逐渐占据尿检设备市场近60%的份额，公司也因此被业界冠以"尿检之王"的头衔。随着公司的发展壮大，为了扩大经营范围，实现多元化，并在生产、流通、业务等方面进行更合理的资源配置，公司逐步成立了具有不同主营方向的多家下属公司，包括负责销售和代理的桂林利特医疗电子销售有限公司，负责血球仪开发和生产的桂林高新区宝利泰医疗电子有限公司，负责第一、第二类医疗产品经营的桂林市朗道诊断用品有限公司，负责软件开发和集成的桂林利特软件有限公司，负责电子仪器研发的桂林市优泰电子仪器有限公司。同时为了获得更多的技术支持，与中科院合资成立了中科院长春光机利特公司，与美国卡罗来纳生物技术有限公司合资成立了桂林英美特生物技术有限公司，从而向技术含量更高的方向进发，进一步拓展了公司的生存空间。

作为国家级高新技术企业，公司具有非常明显的知识密集、技术密集特征。在拥有的1166名员工中，30%以上是专业技术人员，普通员工一半以上是本科学历。在生产设施方面，公司拥有6万平方米的现代化生产基地、多条先进自动化流水线以及数百台先进试验仪器和研发设备，具备年产医疗器械上万台、配套试剂上亿条的生产能力。

案例三 "尿检之王"开发全球市场的创业历程

在过去的 20 多年中，公司一直致力于临床诊断用品的研制和开发、销售与服务，在不断掌握领先技术的同时关注客户感受，在业界声誉卓著。如今，公司产品正在不断实现规模化、多样化、系列化、信息化，已拥有血细胞分析仪、尿液分析仪、生化分析仪、基层医疗信息化整体解决方案、家用医学诊断产品、全科诊断系统与检验信息管理系统等系列产品。

集团依靠 300 多名专业营销人员、售后工程师组成了高效的营销、服务网络。在国内市场上，集团公司得到了 800 多家分销商、3000 多家经销商的支持，拥有 5 万多个稳定的用户，并在各地成立了 56 个售后服务中心和近 400 家特约维修站，市场覆盖率达 60% 以上。同时，集团公司积极走向国际市场，在世界范围内与 100 多个国家和地区有着实际的贸易往来。随着国内和国际市场的不断扩大，公司依靠卓越的品质和真诚的服务，树立起良好的企业形象，不仅成为中国最优秀的医疗诊断品牌之一，也成长为全球医疗诊断市场中具有一定知名度和影响力的国际品牌。

1.2 公司国际市场发展现状

1.2.1 国际市场总体发展规模与速度

表 1 数据反映出 2007—2013 年是利特国际市场快速增长的阶段，国际市场年平均增长率达到 38.8%，远远超过公司总销售规模年平均增长率 26.1%。国际市场销售占公司总销售的比重从 2007 年的 10.0% 提升到了 2013 年的 17.5%，实现了国际市场开发的一个飞跃。据公司全球营销部门负责人初步估计，利特在国产 IVD（In Vitro Diagnosis，体外诊断）品牌国际营销中已领先一步，国际市场规模在国产品牌中应处于前三名行列。

表1 2007—2013年利特国际销售规模与速度

年份	2007	2008	2009	2010	2011	2012	2013
销售总额（万元）	10000	12000	15000	20000	26000	34000	40000
总额年增长率（%）	—	20.0	25.0	33.3	30.0	30.8	17.6
国际销售额（万元）	1000	1500	2000	3000	4500	5500	7000
国际市场比重（%）	10.0	12.5	13.3	15.0	17.3	16.2	17.5
国际年增长率（%）	—	50.0	33.3	50.0	50.0	22.2	27.3

1.2.2 区域分布

利特国际营销已覆盖世界各地，其中亚洲市场（主要为印度市场，2013年印度市场规模达到160万美元）、非洲市场、美洲市场为重点市场，但CIS地区增长速度非常快，2013年增长率达56%（见表2）。

表2 利特国际市场销售额区域分布

大区	CIS	亚洲	欧洲	美洲	非洲	中东	总计
2012年销售额（万元）	440	1603	439	936	1404	724	5546
比重（%）	7.9	28.9	7.9	16.9	25.3	13.1	100.0
2013年销售额（万元）	687	2081	666	1446	1427	739	7046
比重（%）	9.8	29.5	9.5	20.5	20.3	10.5	100.0
增长率（%）	56	30	52	54	2	2	27

注：CIS地区是一个新增的地区出口中心，包括俄罗斯、乌克兰、哈萨克斯坦等中亚国家，简称"独联体"。

1.2.3 产品结构分布

图 1 数据反映出公司出口的优势产品主要集中于血细胞分析仪、尿液分析仪、生化分析仪三类产品。

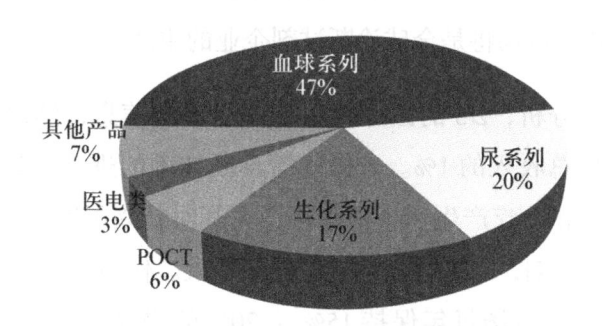

图 1　利特 2013 年各产品线销售比重

2　利特面临的产业环境与开发全球市场的动因

2.1　稳定增长的全球 IVD 市场

体外诊断是相对于体内诊断而言的，是指将样本（血液、体液、组织等）从人体中取出后进行检测进而进行诊断。检测过程中需要相应的仪器和试剂，而这些仪器和试剂就组成了体外诊断系统。体外诊断市场发展于 20 世纪 70 年代，目前已进入稳定发展期。据 EvaluateMedTech 报告分析，2012 年全球体外诊断（不包括糖尿病监测业务）市场规模约 436 亿美元，2018 年达到了 588 亿美元，复合增速达到 5.1%。美国是全球体外诊断创新中心和最大的需求市场，每年仍保持 3%～5% 的增长率，欧洲受经济危机影响近年来 IVD 市场增长速度下滑，全球 IVD 市场推动力来自新兴市场，但欧美仍占据全球 75% 以上的市场份额。

2.2 快速增长的新兴 IVD 市场

就市场增速而言，发达国家市场已近饱和，进入了稳定增长阶段，其增长动力主要来自新技术的突破；而对于新兴国家市场而言，诊断试剂市场正处于快速发展阶段，亚太与拉美国家增长速度最快。在未来，新兴市场将是全球诊断试剂企业的主战场。

据统计分析，2/3 的医疗决策依赖于诊断信息，然而诊断的收入仅占医疗总收入的 1%。未来随着诊断技术的进步，其将对疾病预防、诊断和治疗产生积极的作用，尤其对新兴国家而言，IVD 还处于快速发展期，未来行业发展空间非常大。作为最大的新兴市场，中国体外诊断市场每年保持 15% ~ 20% 的增速。Roche 公司 2012 年财报显示，体外诊断收入总体增长 4%，地区占比最大的欧洲、中东和非洲（EMEA）同比下降 1%，北美地区增长 3%，作为新兴市场的亚太地区收入增长 15%（预计中国区收入增长超过 30%）、拉美地区收入增长 15%。

2.3 高度集中的 IVD 市场

创新和并购是贯穿体外诊断市场发展的主线，全球体外诊断市场形成了"4+X"格局，第一梯队为老四家，即罗氏、西门子、雅培、丹纳赫（收购贝克曼），X 包括赛默飞、碧迪、美艾利尔、希森美康等，它们是在细分领域具备优势的第二梯队。2012 年前十大企业占据 80.7% 的市场份额。

从市场份额看（见图 2），罗氏独占鳌头，2012 年市场份额约为 18.8%，2018 年市场份额提升到 19.3%；雅培受益于 POCT 和分子诊断业务的增长，市场份额从 2012 年的 9.8% 上升到 2018 年的 10.7%，位居第二；丹纳赫在收购贝克曼后异军突起，2012 年市场份额为 10.6%，2018 年市场份额为 10.5%。

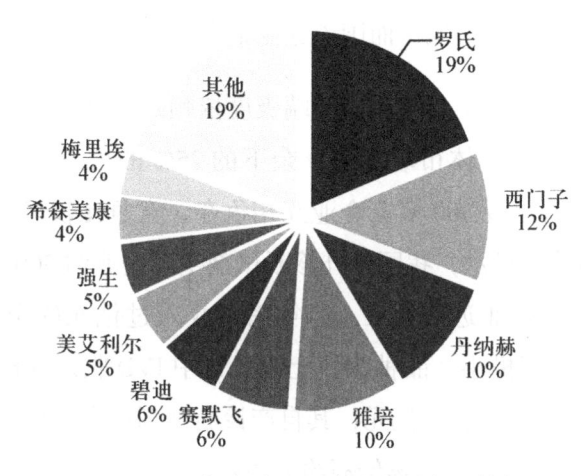

案例三 "尿检之王"开发全球市场的创业历程

图2 2012年全球IVD市场主要企业份额
资料来源：EvaluateMedTech、招商证券。

2.4 异常拥挤的国内IVD市场

中国作为全世界发展最火热的医疗市场之一，以170亿美元的医疗设备和器械市场规模，位列全球第四，并预期在之后五年至少翻一番。如此巨大的增长主要归功于中国政府对医疗卫生投入的增加、新医改带来的基层市场机遇、患者支付能力的提高、预防性体检市场的崛起等。

然而市场上高端医疗器械的70%以上被外方巨头垄断，例如，我国医疗器械领域中约80%的CT市场、90%的超声波仪器市场、85%的检验仪器市场、90%的磁共振设备市场、90%的心电图机市场、80%的中高档监护仪市场、90%的高档生理记录仪市场、95%的心脏起搏器市场等被跨国公司垄断。从大城市的招标情况来看，国内高端、大型的医疗器械市场中，外资企业已占据了80%以上，GE的市场占有率已达到50%~60%。在我国的全自动生化分析仪市场中，日立、奥林巴斯、贝克曼（奥林巴斯诊断业务被贝克曼收购）三家公司占据了60%~70%的市场份额，其中日立占有

069

30%～40%的市场份额，而国内企业集中在二级及基层医院。

我国IVD产业在上游和仪器端极度依赖跨国巨头，外资巨头控制了超过75%的整体市场份额。余下的25%的市场份额，对应约60亿元，由国内近300多家企业互相争夺，竞争比较惨烈。IVD专委会提供的数据显示，我国体外诊断试剂生产企业约300～400家，其中规模以上企业近200家，但年销售收入过亿元的企业仅约20家，企业普遍规模小、品种少。上市公司中IVD收入规模最大的科华生物的营收还不到10亿元，其自产诊断试剂加自产仪器加耗材的收入大约在5.5亿元，市场份额约为4%。

2.5 良好的出口机遇

医疗器械产业结构调整，有利于我国医疗器械产品的出口。目前国外一些国家和地区的医疗器械生产企业由于结构调整以及生产成本等因素，逐渐退出中低端产品的生产。例如，美国是目前世界上最大的医疗器械消费市场，但是目前美国国内从事相关产品生产的厂家只有1000家左右，大量中低端的医疗器械产品需要依赖进口。表3为2013年中国医疗器械产品出口市场前十统计表。

表3　2013年中国医疗器械产品出口市场前十统计表

	目的地	出口额（亿美元）	金额同比（%）	金额占比（%）
	全球	193.35	9.92	100.00
1	美国	48.24	11.85	24.95
2	日本	15.10	−1.64	7.81
3	中国香港	11.38	19.25	5.88
4	德国	11.32	5.40	5.85
5	英国	66.44	10.08	3.44

案例三 "尿检之王"开发全球市场的创业历程

续表

	目的地	出口额（亿美元）	金额同比（%）	金额占比（%）
6	俄罗斯	5.35	−0.55	2.77
7	荷兰	5.27	19.08	2.72
8	法国	4.32	7.11	2.24
9	印度	4.22	13.63	2.18
10	澳大利亚	4.01	13.91	2.07

资料来源：EvaluateMedTech、招商证券。

另外，新兴市场的 IVD 市场增长速度较快，但除少数顶尖私立医院集团外，其总体消费水平较低，也比较零散，对 IVD 的需求主要集中于中低端产品，同时当地 IVD 产业发展较为落后，本土有竞争力的 IVD 品牌较少，低端市场竞争强度不高，这也为国产品牌进军海外市场提供了良好的机遇。

IVD 行业属于高新技术行业，有着天然的全球化基因，因为市场覆盖范围的扩大可以快速实现规模经济，降低平均成本，从而扩大利润总量。利特综合国内和国外行业发展的多个因素，希望降低单一市场（国内市场）的风险，寻求新的增长点，提高规模总量，加上国家高新技术产品出口退税政策的刺激，决策层采取"摸着石头过河"的策略，开始逐步开发全球市场。

3　利特开发全球市场的创业历程

利特公司国际营销总监黄总回忆利特公司国际市场的开发历程时说："当时利特对国外市场的了解不多，也没有任何国际市场人才，对国际市场的开发是逐步试探的，很少使用风险较高的模式，当一项策略获得成功后，公司才考虑进一步推进，因此公司的国际化能力也是在国际化过程中不断进化的。总体上利特国际化可以分为准备、起步、快速发展、模式升级四个阶段。"

3.1 准备阶段（1999—2002 年）

在国内尿检市场逐步占据领先地位（国内市场占有率达到 60%以上）之后，利特公司高层发现国内市场开始逐渐饱和，市场竞争越来越激烈，企业发展的空间在缩小，于是开始将视野投向国际市场。然而公司没有任何国际市场开发的经验，公司内部也没有相应的国际市场人才，根本不知道应该优先进军哪个国家的市场。

从 1999 年公司董事会决定开发国际市场开始，公司逐步着手各项准备工作，包括招聘国际人才、申请进出口权、获得产品的国际认证、与代理商洽谈等。2001 年公司取得了自营进出口权，又于 2002 年取得了尿液分析仪、血细胞分析仪的欧盟 CE 认证。这一阶段利特没有实质上的出口贸易，没有实质上的国际销售，主要开展了出口前的法律许可、外部市场调查等准备工作。

3.2 起步阶段（2003—2007 年）

在各项准备工作完成后，利特公司高层带队参加了一些国际性的展销会，对产品进行推广，刚开始只是去接触一些经销商，简单地将自己的产品推销出去而已。由于产品价格较有竞争力，性价比高，初期在展销会上吸引了一些不发达国家和地区（如东南亚各国、印度、巴基斯坦、也门、约旦等）的经销商，同时与一些外贸公司进行合作销售。

经过对各地市场的初步了解，公司发现印度市场具有较高的吸引力，公司董事会决定尝试采用直接出口模式，通过印度本土合作企业，直接将产品成品销售到印度市场。凭借产品本身的高性价比，以及代理商的推广，公司得以迅速进入印度市场并站稳脚跟。从此公司选择销量较大的地区，采用直接出口模式。在短短的五年内，利特的国际销量从0迅速增长到1000万元。

3.3 快速发展阶段（2008—2011年）

利特在2007年以前参加过许多当地型、区域型、国际型、全球型的展销会，同时也在更多的国家开始营销自己的产品，慢慢知道自己的产品在哪些国家是很有市场的，在哪些国家是没有市场的。公司成立了国际营销部门，开始对各个地区的市场进行区分管理，在部分市场采取直接出口模式，在部分市场通过展销会或国际外贸公司进行销售。

同时经过这几年的市场开拓，各地市场对公司产品有了一定程度的了解和肯定，当地代理商也在合作中受益。利特在部分地区积累了大量的经销网络，在合作中对当地代理商的经营状况有了更多的了解，这不仅为其选择具有相当实力和信誉的代理商打下了基础，也使其获得了一定的稳定渠道。从2008年开始，利特产品销售额和市场占有率保持快速增长的态势，年平均增长率达到45.8%，国际市场年销售总额也从1500万元飙升至2011年的4500万元，市场逐步实现规模效应。

3.4 模式升级阶段（2012—2013年）

这一阶段利特的国际销售额增速在放缓，由2008—2011年的年均增长率45.8%回落至24.8%，但是年国际销售额依然增长至7000万元，这一成绩在国产品牌中独树一帜。

然而随着业务的发展，公司原有的经销商经营管理模式逐渐难以适应，不能对市场竞争状况和客户需求做出及时的反应和调整，引发了不少问题。公司产品高性价比的特点决定了代理商的利润空间较为狭窄，加上市场竞争激烈，各代理商之间的冲突时有发生。利特国际营销总监黄总深刻感受到国际市场的扩大给管理带来的压力越来越大，原来简单的代理商合作模式越来越无法适应国际市场的快速变化。自 2012 年起，公司启动模式升级计划。

首先，公司开始尝试性地深化与当地代理商的合作，不仅限于销售，还包括了 OEM 生产等方面，如与当地有实力的供应商 TRASANSIA 公司进行合作，利用自身的生产能力与对方的本土优势和销售渠道进行尿液分析仪的贴牌生产，以尽快扩大销售额。

其次，由于国际市场销售情况日趋复杂，对代理商的管理难度加大，公司对部分重点市场的国际化战略做出了调整。2012 年利特在印度首都新德里设立了办事处，并派遣常驻人员，招聘本土人才，对印度市场开始进行正式的战略规划，重新梳理营销渠道，确定营销策略，建立产品价格体系，并在培训、售后以及市场信息分析、终端客户交流等方面构建起一个完整的框架。为更好地应对广阔而快速发展的印度市场，公司进行了孟买办事处的筹建以及新建印度子公司的注册等工作。

4　利特开发全球市场的决策演进

利特国际营销总监黄总原是利特公司一名技术研发人员，是随着利特国际化发展而逐步成长起来的国际营销人员，是利特国际化发展的一个缩影。他形容利特的国际决策为"进化"，即随着利特公司开发全球市场的进程逐渐深入，其管理控制能力、风险承受能力、跨文化理解能力均在不断进化。

4.1 市场选择决策演进

在利特进军国际市场之初，其市场选择决策较为简单，并没有复杂的多因素权衡，如分析进入市场的地理、收入、人口、政治、心理距离等因素，其选择决策中数量的决策、顺序的决策、速度的决策以及决策的标准均没有采取复杂的决策机制，而是采取简化的决策规则，即试探模式，如试探性地参加国际展销会，试探性地与国际代销机构接洽，试探性地进入某一地区市场，根据市场自然选择而反馈的信息来做出自己下一步的决策。

随着国际化进程的深入，利特在进入新的市场时都会有意识地做一些宏观、中观、微观的分析，国际市场部会出具相应的市场调查报告，在决策中更多地与当地经销商、医院组织客户进行互动交流，分析其目前的产品使用状况、需求以及该国产业发展阶段等，同时考虑企业自身条件、竞争对手、销售方式等因素，最终做出市场选择决策。总体上利特的市场选择决策采取的是"先易后难"的战略，即从欠发达国家到发达国家，现在国际市场上最大的市场是印度，俄罗斯第二，巴西第三。

4.2 市场进入模式决策演进

在市场进入模式决策的演进方面，利特基本遵循了标准的国际化进程，即间接出口—直接出口—许可经营—合资公司—直接投资。由于利特的国际化并未完成，目前利特主要采取的还是间接出口和直接出口，以及尝试性的许可经营。在国际化开发初期，利特主要采取间接出口；随着市场的高速发展，利特主要采取直接出口，选择稳定的经销商；在模式升级阶段主要采用混合式的市场进入模式，同时开始尝试性地采取许可经营中的 OEM 模式。初步的尝试是与当地有实力的供应商 TRASANSIA 公司进行 OEM 合作，利用自身的生产能力与对方的本土优势和销售渠道进行尿液分析仪的贴牌生产，以尽快扩大销售额。但是由于具体合作中出现了问题，其中既有文化差异的因素，也有法律因素，当然也有产品选择问题，最终合作关系破裂，导致公司这一类型产品的声誉受损，销售额和市场占有率出现了下滑。

4.3 市场适应决策演进

4.3.1 产品

在国际化开发初期，利特主要选择了性能稳定、对售后服务需求较少的标准化产品，较少考虑产品的当地适应性。

随着当地市场规模的扩大与稳定，利特开始选择多样化的产品，从原单一的经典尿液分析仪拓展到尿沉渣配套试剂、尿试剂以及尿试纸条等多种产品。利特对产品也开始做适当调整，如采用本地化的语言，加强产品多语言化的工作，开展功能本土化，稍微改变产品的外观以符合当地人的审美，同时接受一些定制化的产品订单。

由于欧洲地区的客户不太接受中国品牌的产品，因此利特公司在欧洲单独设立了一个品牌，与自身的品牌分割开来，同时还是在国内进行生产，然后贴上在欧洲单独设立的品牌，尽量去做一个让欧洲消费者能够接受的品牌。

总体上，利特具有相对优势的国际产品主要为中低端的分析仪，这部分产品的技术较为成熟，质量相对稳定，售后返修问题较少，但是利润相对较低，而技术较先进、价格较高的产品一直以来市场接受程度不高，这也是未来调整面临的一大难题。

4.3.2 价格

在国际化的各个阶段，利特主要选择标准化的价格，采用市场竞争策略，基本以本地价格为准，保持对当地市场的适应性，不同国家同类产品的价格浮动为10%。总体上，利特的价格比较适中，稍稍高出其他低端国产品牌，低于国际巨头的价格，在国际市场中利特主要以高性价比而闻名。

4.3.3 分销渠道

在国际化开发的起步阶段，利特主要通过国际或区域展销会与国际外贸公司接洽完成产品的间接出口，渠道比较单一。进入快速发展期后，利特开始有针对性地选择当地代理商，并形成固定的代理关系。随着市场的逐步发展，进入模式升级阶段，利特开始在国际市场设立办事处，并开始筹备建立区域分公司，有意识地对代理商进行规范化管理，提高代理商进入的门槛（如综合考核国外代理商的经验、口碑、资金、服务能力、合作意识、销售理念等），同时建立当地产品价格体系，在培训、售后以及市场信息分析、终端客户交流等方面构建起一个完整的框架。就目前而言，利特仅仅在国内采取了直销+代理模式，而在海外市场只采取了代理模式。利特在起步阶段曾经尝试过网络直销模式，如在阿里巴巴、中国制造网等网络平台销售，但效果不佳，公司认为自身产品不适合网络直销，所以最终放弃这一渠道。

4.3.4 促销

在国际化开发的起步阶段，利特主要通过国际性和区域性展会促销的方式传播公司产品，传播方式比较单一。随着国际化进程的深入，传播方式逐渐丰富。例如，赞助医疗器械方面的会议，进行公关宣传；在美洲的 *Labmedica*、韩国的 *Medical Technologists*、尼日利亚的展会杂志等国际专业杂志上对公司产品进行宣传；采取买血细胞分析仪送血红蛋白仪、给予有实力者独家代理权等多元、复合的促销方式。

4.3.5 组织

利特组建了出口部开展公司的出口业务。随着国际化进程的深入，利特成立了国际营销中心，该中心融合了多项职能，包括销售、物流、商务、行政、财务、市场、售后，可以独立开展广告设计、品牌推广、市场研究、产品选择等营销活动。

4.3.6 人员管理

在国际化开发的起步阶段，利特主要在总部所在地招聘国际营销人员，但由于地处四线城市，人才相对稀缺。随着国际化进程的深入，利特在深圳成立了国际营销分部，以吸纳国际化的营销高端人才（因为深圳是我国大型精密医疗器械和医用电子仪器的主要生产和研发基地，也是行业精英人才的聚集区）。同时利特公司为了尽量减少国际营销中的文化差异问题，在当地的办事处会招聘当地的员工，以进一步适应本土文化。

5 未来的隐忧

尽管利特在国际市场上已取得较好的成绩，计划未来国际销售额突破 1 亿元，但利特国际营销总监黄总却不轻松，反而感觉到越来越大的管理压力，认为有诸多管理难题一直没有真正得到解决。

5.1 国际化产品结构的升级

目前，利特公司的产品主要集中在中低端市场，在国际市场上的占有率较低，还不能在某个领域占据主导地位。同时由于产品品质尚未达到国际品牌的水准，质量问题时有发生，公司品牌声誉不尽如人意，难以形成品牌效应。在产品销售比例上，还出现了发展不均衡的情况，某些区域过于依赖单一几个产品的销售，如在印度市场主要依赖血细胞分析仪的销售，容易导致市场应变能力的下降。公司相对高端的仪器的国际销售情况较不理想，而国际市场需求在不断升级，对产品的要求逐步提高，这给公司的产品结构和利润带来一定的压力。

5.2 国际巨头的挑战

利特公司在国际市场成功的法宝之一是高性价比。然而，国际巨头正在不断扩张，不断收购低端品牌，延伸产品线，越来越重视二、三线国际市场，如国际巨头已开始在印度建厂，进行大规模生产，使利特面临越来越大的竞争压力。二、三线国际市场的需求结构也开始升级，对产品提出了更高的要求，利特公司高层对如何应对一直没有明确对策。

5.3 国际化模式升级的挑战

从销售国际化的层次来看，利特公司基本还处于间接的销售国际化阶段。由于公司的实力和产品暂不足以带来更高的议价能力，国际市场的销售主导权一直掌握在当地的代理商手中，代理商稍有大的变动就会对公司产品销售造成巨大影响，公司难以对销售状况进行有效掌控。另外，公司基本没有建立起控制在自己手中的销售渠道，也就难以依据自身状况和市场变化及时做出相应的调整。

同时长期的代理制使得公司对国际市场缺乏直观感受，还只是处于摸索、适应的阶段。偶尔的展会交流、售后服务并未给公司带来直接的国际管理经验，公司也没有具有足够能力和经验的管理者负责印度相关事务的规划、协调工作，也就谈不上通过国际化管理进行国际范围内资源的有效配置了。印度市场部分办事处的建立只是往这个方向迈出的一小步，各个方面都可谓从头开始。

随着国际化进程的深入，本土化将成为利特国际营销的主要发展趋势。然而随着本土化队伍的发展、国际市场的扩张，组织文化将更加多元，客户规模将更加庞大，从而对利特的管理能力提出更大的挑战。

案例三 "尿检之王"开发全球市场的创业历程

一、研究目的

本案例主要介绍了利特公司国际营销的发展历程，同时介绍了利特公司不断演进的国际营销策略，从市场选择、市场进入模式和市场适应等方面诠释了利特公司国际能力的演进。这对国内中小企业拓展海外市场具有一定的参考价值和借鉴意义。

本案例的研究目的是了解国际市场营销的基本思路、主要内容以及操作方法。结合利特公司的创业历程，进一步了解中小企业真实的国际化过程，深入理解中小企业国际化的特殊性，思考案例中呈现出的中小企业国际营销问题，从而运用相关的国际营销理论，有针对性地提出完善的解决方案。

二、启发思考题

（1）作为身处四线城市的中小企业，利特是如何拓展国际市场的？

（2）请评价利特公司在国际市场营销中的试探递进策略。

（3）请结合案例中利特公司的国际产品销售数据和国际市场竞争资料，分析利特现有的国际产品结构，以及利特应当如何改进国际产品结构，提升国际竞争优势。

（4）利特公司在国际市场选择中采取"先易后难"的模式，即从欠发达国家到发达国家，这一策略有无弊端？对利特未来的国际化经营会有什么消极影响？为什么？

（5）请结合案例中的行业资料，分析利特公司应如何面对国际巨头的挑战。

（6）随着国际化进程的深入，对企业国际营销管理能力的要求越来越高，利特如何提高自身的国际营销能力？

（7）请结合案例资料，试分析下一步利特国际营销的重点是什么。

三、分析思路

以下提出本案例的分析思路，仅供参考。

（1）利特公司国际化的进程基本遵循了国际营销演进的规律，公司随着国际经营经验的积累和对国际市场文化的熟悉而逐渐成长起来。利特公司为追求更大的发展以及迫于国内竞争日益激烈的现实，提出国际化的动议。在初期，利特对国际市场的了解基本为零，它花费了整整三年的时间来准备，用了五年的时间才逐步起步，这一过程中公司没有贸然使用资源要求较高的模式。到目前为止，利特公司依然以间接出口为主，只是在部分区域市场采取了直接出口模式，这在一定程度上反映了该公司比较稳健、相对保守的国际经营策略。该公司国际营销的历程也充分反映了我国中小企业国际化的进程，即由于中小企业资源相对较少，国际经验缺乏，尤其是国际化的经营人才稀缺，对国际市场的了解程度不高，我国中小企业大多采取相对保守的国际营销策略，这也在一定程度上反映了我国中小企业较低的国际营销能力水平。

（2）利特公司初期国际化的产品主要以标准化的产品居多，而且以性价比较高的产品居多，这一策略让利特公司在国际化初期取得了较快的发展。2007—2013年是利特国际市场快速增长的阶段，国际市场年平均增长率达到38.8%，远远超过公司总销售规模年平均增长率26.1%。国际市场销售占公司总销售的比重从2007年的10.0%提升到了2013年的17.5%，实现了国际市场开发的一个飞跃。对于大部分处于国际化初期的企业而言，一般会更多地采取利特公司的模式，选择相对单一的标准化产品结构。然而，当公司积累了比较丰富的国际化经验，掌握了全球主要国家和地区的顾客需求信息及相关环境的差异之后，就开始有能力在发掘和感知不同国家和地区顾客需求相似性和差异性的基础上，寻求某些产品要素的差异化运作。并且随着经验的积累，国际化公司会不断丰富产品结构，尤其体现在不同技术层级的分布上。利特公司需要深入了解当地市场需求的特点，努力实现核心产品的技术升级和边缘产品的不断开发，从而不断提升产品结构的综合利润。同时需要调整对市场的选择，因为虽然国内企业在相对落后的国家更具优势，国际化初期的企业也更容易获得市场的成功，但"先易后难"的模式更多只是增加企业的市场经验，对企业核心能力提升的作用不大，而与强大的竞争对手竞争更能激发企业的创新能力，提高企业的核心竞争力。例如，与利特公司不同，迈瑞公司采取"先难后易"的模式，即从欧洲发达国家入手，回头辐射亚非拉地区，取得了巨大的成功。

（3）随着欠发达国家市场的不断发展，国际巨头也开始重现在这些国家的营销，利特公司必然面临越来越大的国际竞争压力。利特公司需要不断提升产品标准，接受更多的国际OEM订单，以此提升公司的制作水准，努力使产品通过要求苛刻的欧盟CE、美国FDA等认证，取得进军欧美发达国家的通行证，同时通过与国际大公司合作，增强对全球客户的个性化需求的了解，通过与目标市场国家的科研机构合作，与国外技术质量标准接轨；成立专门的部门，研究不同国家的政策、文化、产品等因素，全面了解世界不同文化、消费心理和行为；严格对合作方的要求，选择在当地影响力大、与当地政府关系良好的企业作为合作伙伴,实现普通员工本土化,利用合作方的全球销售网络,实现科研、销售渠道的本土化和国际化;加大与资本市场的合作,在海外建立生产基地,自建营销网络或与当地的营销网络合作,实行当地化营销策略。

四、理论依据及分析

(1)国际营销演进理论。该理论认为,企业进入外国市场的规模是随着企业国际经营经验的逐步积累而不断变化的,基本遵循这样的轨迹:间接出口—直接出口(在目标国设立分支机构)—许可经营或直接投资建厂(从合资企业到全资子公司)。解释的依据是:当企业对国外市场的了解不多时,企业不会贸然使用资源承诺程度高的模式;随着企业国际经营经验的增加,企业对该国市场的投入会增大,也就会要求采用控制度更高的进入模式。这种理论强调经验的积累和文化的熟悉是进入模式选择的决定性因素。这一理论的优点在于将企业进入国际市场的行为看作动态的过程。

(2)国际营销进入模式理论。出口是国际经营活动的初级形式,出口分为直接出口和间接出口。直接出口是企业将产品直接出口给外国客户,而间接出口是通过本国的各种外贸机构或国外企业设在本国的分支机构出口。间接出口的特点是:经营国际化与企业国家化相分离;企业的产品走出了国界,而企业的营销活动几乎是在国内进行的;出口企业本身并不直接参与该产品的国际营销活动。直接出口中企业对其出口产品的经营管理保留部分或全部的控制权;企业与国外的企业直接接触;主要的国际营销活动,如发展和建立海外客户、国际商务调查研究、产品分销和定价等都由企业本身的内部机构处理。贸易式进入有两个显著的优点:第一,它避免了在东道国进行经营活动通常所需的巨大成本;第二,通过在一个中心区域制造产品，然后把它出口到其他国家，企业可以从它的全球销售中实现巨大的规模经济。这也是本案例中利特公司成功开发全球市场的做法。

（3）全球营销管理理论。全球营销管理包括在国际化进程中进行市场选择决策、市场进入模式决策、4P适应性决策、营销组织决策、跨文化管理决策等。

案例四

内部创业惹来横祸*

摘要： 本案例描述了华夏为华公司为了进一步发展而推行内部创业时所面临的问题，主要讲述了华夏为华副总裁李名在进行内部创业过程中给华夏为华公司带来的一些损失。

关键词： 华夏为华公司；港湾网络；内部创业

---

*1. 本案例由周劲波撰写，作者拥有著作权中的署名权、修改权、改编权。

2. 本案例授权中国管理案例共享中心使用，中国管理案例共享中心享有复制权、修改权、发表权、发行权、信息网络传播权、改编权、汇编权和翻译权。

3. 由于企业保密的要求，在本案例中对有关名称、数据等做了必要的掩饰性处理。

4. 本案例只供研究分析之用，并无意暗示或说明某种管理行为是否有效。

案例四　内部创业惹来横祸

0　引言

随着经济的迅速发展，市场竞争情况日益复杂，越来越多的企业意识到不能仅靠自己一家的力量"冲锋陷阵"，而应该团结一大批合作者，形成一个统一战线。华夏为华总裁R总当机立断，推出政策鼓励华夏为华内部员工进行创业，这一政策的出台使得华夏为华公司内部员工闻风而动，尤其是心怀梦想的高管。许多华夏为华公司的内部员工依靠公司的支持进行内部创业，虽然成功的有很多，但也给华夏为华公司带来了一定的危机。

2006年的一天，华夏为华总裁R总以胜利者的姿态向李名伸出橄榄枝——华夏为华收购港湾网络。R总和华夏为华常务副总裁F总亲赴杭州，与港湾网络高层会面。一见面，他就诚恳地表示："我代表华夏为华与你们是第二次握手了。首先这次我是受董事长委托而来的，是真诚欢迎你们回来的。如果我们都是真诚地对待这次握手，未来是能合作起来做大一点的事的。"

1　公司简介

华夏为华技术有限公司（以下简称"华夏为华公司"或"华夏为华"）是一家生产和销售通信设备的民营通信科技公司，于1987年由R总创建，总部位于广东省深圳市。华夏为华主要经营交换、传输、无线和数据通信类电信产品，在电信领域为世界各地的客户提供网络设备、服务和解决方案。

为了能够在竞争日益激烈的市场中立于不败之地，华夏为华总裁R总开始鼓励企业内部员工进行创业。2000年8月15日，华夏为华正式出台了内部创业的"管理规定"。根据规定，凡是在公司工作满两年的员工，都可以申请离职创业，成为华夏为华的代理商，公司为创业员工提供优惠扶持政策，除了给予相当于员工所持股票价值 70% 的华夏为华设备之外，还有半年的保护扶持期，并且员工在半年内创业失败后，可以回华夏为华重新工作。这一政策的出台，使得华夏为华高管纷纷走上创业之路，其中最具有代表性的就是华夏为华最年轻的副总裁李名。李名被业内认为是华夏为华最理想的接班人，他拿着从华夏为华股权结算和分红的 1000 多万元以及换取的一批数据通信产品，赴北京创办港湾网络，成为华夏为华公司产品的高级分销商。港湾网络有限公司专注于宽带领域，从事宽带网络通信技术和产品的研究开发、生产销售和服务。

2 港湾网络公司的发展

2000 年 4 月，在深圳五洲宾馆，华夏为华总裁 R 总率领数十名核心高管参加了一个隆重的欢送会。此次欢送会会场气氛感人，是为了欢送一个人——李名。离开前的李名是华夏为华的常务副总裁，是华夏为华内部最具有影响力的人物之一，也曾被认为是 R 总的接班人。李名离开华夏为华时带走了资金、科技人员以及一些数据通信产品，这为港湾网络有限公司的成功建立奠定了基础，可以说，华夏为华公司的支持成为港湾网络有限公司的坚实后盾。在创办港湾网络的第一年，由于是新创企业，员工晋升空间很大，华夏为华内部员工纷纷加入港湾网络。对于港湾网络而言，最主要的问题就是资金问题，不过由于李名的影响力，公司吸引了一定的风险投资者，引入风投后的股权结构为：李名占 24%，港湾网络员工占 25%，华平创投、龙科创投等风投机构占 51%。依靠在华夏为华积累的销售经验，2001 年港湾网络获得了不菲的收入，开门大吉。

案例四 内部创业惹来横祸

李名的目标显然不仅在于此，他不甘心只做华夏为华的代理商。在股权所有者的鼓动下，很快港湾网络就走到了前台，开发生产自己的新产品，并大力组建属于自己的研发团队。2002年1月，港湾网络在国内第一家推出ADSL/VDSL混插大容量机架式IPDSLAM系统，港湾网络甚至声称这些网络建设领先于国内主要竞争对手12~18个月的时间，当然也包括华夏为华在内。市场也认可它的产品，据说第一个产品卖疯了。

2002年，埋头只做研究的华夏为华公司终于感觉到被市场隔绝的危险，客户普遍认为"华夏为华只做直销不做分销，港湾网络等同于华夏为华"，这给华夏为华造成很大的伤害。因此，2002年华夏为华取消了港湾网络的代理资格。但此时的港湾网络已有自己的品牌并有风险资本的进入，使得华夏为华的人才纷纷投靠港湾网络。

2003年，李名又看到一个很好的机会：进入光通信领域。为了能够获得相应的光网络专利，也为了能够与西门子等多家欧美公司合作，李名收购了深圳钧天科技公司。

然而，这是一个错误的决策。对于华夏为华而言，光通信业务是绝对不容侵犯的。2004年起，华夏为华的光通信业务进入了成熟期，与港湾网络的竞争正式拉开序幕。此时港湾网络传来消息，计划在2004年上市。对于迟迟没有上市的华夏为华而言，这一消息产生了巨大的冲击。此时的华夏为华如一头沉睡的狮子清醒过来，而港湾网络却一而再再而三地出错。

2004年初，港湾网络还沉浸在收购钧天和即将上市的快乐之中。当年6月25日，耗资两亿元的港湾网络在中关村的网络研发中心正式投入使用。然而，随之而来的问题逐步显露，其中一个出人意料的大问题是：港湾网络从来都没有一支合格的会计师队伍。直到2004

年准备上市,才出资聘请安永负责审计。由于港湾网络前期财务混乱,短时间很难整理完,导致合作不顺利,后来将安永换为德勤。

3 "打港办"迅速出炉

就在港湾网络为 IPO 冲刺的时候,华夏为华迅速行动起来,力图将港湾网络上市扼杀在摇篮里。2004 年起,华夏为华迅速成立了一个叫作"打港办"的机构,专门研究港湾网络的一举一动。之后的两年里,"打港办"的办事效率让人惊叹,它了解港湾网络的每个细节,熟知它的每个举动,能够挖走它想挖的任何人。2004 年 8 月,负责承销的投资银行收到来自匿名人士的电子邮件,指出港湾网络方面涉嫌制造虚假销售数据,这使得港湾网络的第一次上市被推迟。由于第一次上市未成功,许多员工产生逆反心理,再加上华夏为华不惜重金挖走其技术人员,许多员工为自己的前途和收入考虑,离开港湾网络进入华夏为华。

为了彻底打击港湾网络,华夏为华下了死命令:办事处丢单给中兴、思科不要紧,丢单给港湾网络要受处分;客户已经在使用港湾网络设备的,就由华夏为华回购,还买一送一,废港湾网络的标。

在华夏为华的大力打击下,2004 年港湾网络的销售增长率迅速下降到 20%,2005 年更为严重,仅为 7%。港湾网络当年的风光已不复存在,最终以被华夏为华收购为结局,此后的华夏为华公司逐渐走出低迷期,业绩逐渐上升。

案例四 内部创业惹来横祸

案例研究

一、研究目的

通过本案例的分析，更好地了解企业在进行内部创业时需要考虑的问题，思考如何帮助两个公司更好地协调发展，达到实施内部创业的目的。

二、启发思考题

（1）你如何看待华夏为华公司的内部创业问题？

（2）华夏为华公司内部创业出现问题的主要原因是什么？华夏为华公司内部创业的优点有哪些？

（3）从股权的角度分析华夏为华公司内部创业失败的原因。

三、分析思路

这里提出本案例的分析思路，仅供参考。

（1）从港湾网络的角度思考此次创业。港湾网络是李名一手创办的，抛开它是依靠华夏为华公司成长起来的不说，港湾网络还是比较成功的，尤其是在员工管理方面，它在仿照华夏为华公司管理方法的基础上，发挥了自己的优势。但是在会计方面却出现管理的一大失误，在关键时刻导致港湾网络的失败。

（2）寻找内部创业失败的内在原因。华夏为华公司内部创业的失败不在于没有很好的激励制度，而在于在支持过后没有拿到相应的控制权。港湾网络在外是华夏为华公司内部创业的结晶，而实际上华夏为华没有港湾网络的控股权，不能够参与港湾网络的决策，这就导致了港湾网络与华夏为华公司越走越远的局面，到了最后竟成了竞争对手。

（3）没有留住关键人才也是造成内部创业失败的原因。李名离开时带走了一部分技术人员，这本身对于华夏为华公司就是一种损失，后来又有许多华夏为华科技人员为了自己的发展前途离开华夏为华投向港湾网络，此时华夏为华没有意识到事情的严重性，导致最后以惨重的代价收购了本不该是竞争对手的港湾网络。

四、理论依据及分析

1. 赫兹伯格的双因素理论

双因素即保健因素和激励因素。保健因素是造成员工不满的因素；激励因素是使员工感到满意的因素。港湾网络是初创企业，在职位晋升上能够使员工感到满意，而华夏为华公司在这方面让员工感到不满意，因此为了满足自己的升职欲望，许多技术员工纷纷跳槽到港湾网络。

2. 三种需要理论

大卫·麦克利兰等人提出了三种需要理论，认为主要有三种需要推动人们从事工作，它们是：成就需要，即达到标准、追求卓越、争取成功的需要；权力需要，即左右他人以某种方式行为的需要；归属需要，即建立友好和亲密的人际关系的需要。这三种需要中，成就需要被研究最多。高成就需要者追求的是个人成就感，而不是成功之后得到的荣耀和奖赏。他们总是渴望把事情做得比以前更完美、更有效。高成就需要者未必是一个优秀的管理者；优秀的管理者也未必要有高成就需要。原因在于，高成就需要者关注自己的成就，而作为一名优秀的管理者，应该注重的是帮助他人实现自己的目标。另外，通过培训可以激发员工的成就需要。

3. 心理契约

心理契约的内容是交往双方彼此所抱有的一系列期望，这些期望一般并未明确地表述出来，需依靠双方去揣测和推断对方的心理。心理契约的确定是以双方准确判断了对方对自己的期望，并予以适当的合理满足为基础的，所以它实质上是双方之间吸引力的均势，这种吸引力就是对方能满足己方的某些期望的潜在可能性。将心理契约的概念用于企业管理及上下级间关系，就要求上级不能只对下级提出要求，还得用心了解下级的期望，并适当及时地给予满足。有舍有取，才能改善上下级关系，激励下级努力工作。

4. 组织的内部环境

组织的内部环境是指处于管理系统边界之内的直接制约管理活动的因素的总和，它的各个变量与外部环境各变量之间是相互关联的。组织的内部环境由那些处于组织内部的要素共同构成，如员工、管理模式、企业文化等。其中企业文化是企业内部环境最为重要的部分，因为企业文化制约着包括决策者在内的所有组织成员的思想和行为，它通过影响人们的认知模式和态度对组织成员的工作方式和管理者的计划、组织、领导、控制方式产生作用。

五、背景信息

（1）华夏为华公司的薪酬信息：华夏为华的薪酬较高，再加上福利待遇很好，能够激励员工积极工作。

（2）后来发生的情况：华夏为华在收购港湾网络后，与李名握手言和，李名继续留在华夏为华，后来辗转在百度、中国移动等公司工作。

六、关键要点

（1）对于华夏为华公司的内部创业而言，人才流失是关键问题。在本案例中，华夏为华员工纷纷离开并进入港湾网络，促使港湾网络迅速崛起。

（2）为激励内部员工进行内部创业，企业应给予一定的资金支持和人员支持，但不能让自己一手扶持起来的公司成为自己的竞争对手，要时刻注意它的动态。

案例五

苏宁云商集团股份有限公司创新资产运作 *

摘要： 售后回租的轻资产模式，不仅可以盘活优质物业存量资产，还可以回笼巨额现金，保证公司的长期运营。本案例以苏宁云商集团股份有限公司进行创新资产运作为背景，从财务角度重点分析其进行资产售后回租以及资产证券化的资金运作过程。这不仅有助于其他企业更好地借鉴和运用售后回租融资，还有助于更好地理解售后回租这种创新型资产运营方式的优点及具体的实现方式。

关键词： 创新资产；售后回租；资产证券化

---

*1. 本案例由苏毓敏、王宜峰、邹青青撰写，作者拥有著作权中的署名权、修改权、改编权。

2. 本案例授权中国管理案例共享中心使用，中国管理案例共享中心享有复制权、修改权、发表权、发行权、信息网络传播权、改编权、汇编权和翻译权。

3. 由于企业保密的要求，在本案例中对有关名称、数据等做了必要的掩饰性处理。

4. 本案例只供研究分析之用，并无意暗示或说明某种管理行为是否有效。

0　引言

在过去的连锁经营战略中，苏宁云商集团股份有限公司（以下简称"苏宁云商"）通过自建、购置的方式积累了部分核心优质门店物业，为其提升销售收入、树立品牌形象和开展规模经营等发挥了一定作用。但是，近年来电商数量急剧增加，传统的线下电器零售遭到线上销售的严重冲击，实体门店物业也逐步成为线下零售商的沉重包袱。苏宁为提升自身竞争力，提出向O2O零售模式转型，并积极探寻如何减轻包袱。

2014年10月，苏宁云商携手中信证券开展售后回租交易，盘活优质物业存量资产，回笼巨额现金，这对于提升用户体验、完善服务内容、建立企业品牌形象以及发展移动互联网都具有重要的意义。苏宁云商的创新性尝试有效解决了优质资产所有权与流动性的困境，同时为苏宁云商下一步战略布局腾出巨大空间。那么，苏宁云商具体是如何进行创新资产运作的？创新资产运作带来的影响是怎样的呢？

1　公司发展简介

苏宁云商集团股份有限公司是中国商业企业的领先者，属于商务部重点培育的"全国15家大型商业企业集团"，是当前中国最大的商业零售企业之一。苏宁创办于1990年，经营商品涵盖传统家电、消费电子产品、百货、日用品、图书、虚拟产品等综合品类。2013年2月20日，由于企业经营形态的变化，苏宁电器股份有限公司（SUNING APPLIANCE CO., LTD.）更名为苏宁云商集团股份有限公司（SUNING COMMERCE GROUP CO., LTD.）。2014年10月

案例五　苏宁云商集团股份有限公司创新资产运作

26日，中国民营企业500强排名发布，苏宁以2798.13亿元的营业收入和综合实力名列第一。

创建以来，苏宁云商凭借优良的业绩和不断创新的精神，历经空调专营、综合电器连锁、全品类互联网零售三个阶段，从一家空调专营店发展成为中国500强民营企业。企业创立初期，苏宁电器立足空调专营，自建专业售后服务队伍，成为当时中国最大的空调销售企业。1998年，苏宁电器把握行业发展趋势，实施二次创业，向综合电器连锁经营转型。2003年，苏宁确立新的战略发展方向，开始建立全国一体化的物流配送体系、售后服务体系、客户服务体系，全方位提升苏宁为消费者提供服务的能力。随着互联网技术、智能终端等信息科技的蓬勃发展和快速应用，苏宁电器在2011年制定"科技转型、智慧服务"的发展战略，通过进一步深化云服务模式，逐步探索出线上线下多渠道融合、全品类经营、开放平台服务的业务形态，打造现代商业服务平台。苏宁发展历程如表1所示。

表1　苏宁发展历程

年份	发展内容
2011年至今	科技转型，智慧苏宁
2009—2010年	三年攻略，行业领先
2006—2008年	连锁升级，稳健发展
2003—2005年	开发提速，全国布局
2000—2002年	综合电器，探路连锁
1997—1999年	壮大规模，起步连锁
1994—1996年	空调专营，行业第一
1990—1993年	企业创立，树立品牌

2　事件背景

苏宁云商在 2012 年业绩首次出现负增长，净利润下降 44.37%。与此同时，另一家电器销售连锁企业——国美电器，几年前已经陷入经营困境。另外，继美国的百思买关闭中国大陆的商店之后，万得城也宣布关闭在中国的商场，这两家公司都是欧美著名的电器销售连锁企业，模式与苏宁相近。这些大型电器销售企业都面临经营困难的局面，说明传统电器销售市场陷入了困境。其中最主要的一个原因就是网购冲击了实体店，分流了大量客源。于是，苏宁云商开始向"店商+电商+零售服务商"的"云商"模式转型。为了抓住"云商"快速发展的机会，加快企业业务的转变，苏宁对资金产生了极大的需求。苏宁云商通过与国内领先券商中信证券下属的中信金石基金开展合作，探索搭建创新型的资产运作平台，这一举措有助于公司盘活资产、巩固优势、深化战略、提升效益，同时也符合国家鼓励存量资产盘活的政策。

3　资产售后回租操作流程

苏宁云商资产运作的创新点是将售后回租和资产证券优化整合，实现轻资产模式转型。苏宁云商创新性尝试的成功，离不开资产支持证券专项计划、私募基金等载体和交易结构的优化设计。首先，苏宁云商携手中信金石基金管理有限公司设立专门的中信苏宁私募投资基金，并委托华夏资本及中信金石设立中信华夏苏宁云创资产支持专项计划（以下简称"专项计划"）。其次，苏宁云商与中信证券开展售后回租交易，在将其 11 处门店物业的房地产权属过户至全资子公司后，以不低于 401123.70 万元的价格将 11 家全资子公司的全部权益转让给私募投资基金或/及相关方，开展创新资产运作模

案例五　苏宁云商集团股份有限公司创新资产运作

式。最后，苏宁云商以稳定的市场租金和12年租期的租约获得门店物业的长期使用权。具体交易过程如下。

3.1 苏宁云商子公司[1]以持有的资产出资，成立11家项目公司

2014年9月12日，苏宁云商子公司在上海自贸区以11家优质门店物业［北京通州世纪联华店（又名"通州西门店"）、北京刘家窑店、常州南大街店、武汉唐家墩店、重庆观音桥步行街店、重庆解放碑店、昆明小花园店、成都春熙路店、成都万年场店、成都西大街店和西安金花路店］的房屋所有权及对应的土地使用权分别出资设立11家项目公司，注册资本均为人民币500万元（见图1、表2）。

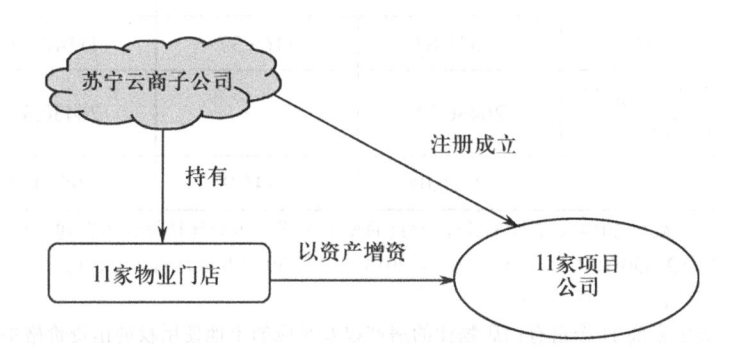

图1　苏宁云商子公司以持有的资产出资，成立11家项目公司

---

[1] 苏宁云商持有这11家门店物业的子公司分别是北京苏宁云商销售有限公司、北京北创融达信息咨询有限公司、常州苏宁云商商贸有限公司、武汉苏宁云商销售有限公司、重庆苏宁云商销售有限公司、云南苏宁云商销售有限公司、四川苏宁云商销售有限公司、陕西苏宁云商销售有限公司。

表2 2014年7月31日苏宁云商子公司11家门店物业资产状况

单位：万元

门店物业	资产原值	累计折旧	资产净值
北京刘家窑店物业	10684.24	885.23	9799.01
常州南大街店物业	15072.31	3492.59	11579.72
武汉唐家墩店物业	16359.92	419.34	15940.58
重庆观音桥步行街店物业	34507.58	10599.58	23908.00
重庆解放碑店物业	29080.70	3486.98	25593.72
昆明小花园店物业	20602.79	2589.48	18013.31
成都春熙路店物业	22804.59	3456.32	19348.27
成都万年场店物业	4446.89	1365.94	3080.95
成都西大街店物业	6714.84	1981.16	4733.68
西安金花路店物业	12311.87	1169.37	11142.50
北京通州世纪联华店物业	26430.31	—	26430.31
合计	199016.04	29445.99	169570.05

注：① 截至2014年7月31日，北京通州世纪联华店会计核算计入在建工程科目，账面价值为26430.31万元，该处物业于2014年9月30日开业运营，会计核算上已由在建工程科目转入固定资产科目。

② 苏宁云商11个自有门店物业的房产权及对应的土地使用权的出资价格根据以2014年7月31日为基准日的评估结果确定。

苏宁云商聘请北京天健兴业资产评估有限公司以2014年7月31日为基准日，采用市场比较法对11处物业房产及对应的土地使用权的市场价值进行了评估，评估结果合计为人民币401123.70万元。2014年10月14日，苏宁云商第五届董事会第十三次会议审议同意以市场价值将门店物业的房地产权属过户至全资子公司。具体明细如表3所示。

表 3　苏宁云商子公司 11 家门店物业市场价值评估值

单位：万元

门店物业	评估值
北京通州世纪联华店	41147.43
北京刘家窑店	33976.68
常州南大街店	29285.80
武汉唐家墩店	31902.94
重庆观音桥店	81239.68
重庆解放碑店	39708.05
昆明小花园店	37264.66
成都春熙路店	50266.18
成都万年场旗舰店	18956.74
成都西大街店	15921.91
西安金花路店	21453.63
合计	401123.70

3.2　苏宁云商成立 11 家 SPV，与 11 家项目公司一一对应

为了明确划分项目与企业之间的关系，苏宁云商在上海自贸区设立 11 家 SPV[①]，并与 11 家项目公司一一对应（见图 2）。11 家 SPV 相当于 11 家项目公司的容器，将这些项目公司都进行隔离，实现其风险隔离的功能。项目公司不会受到苏宁云商经营或债务风险的影

---

① SPV 的全称是 Special Purpose Vehicle，即特殊目的实体。SPV 是一个专门为实现资产证券化而设立的信用级别较高的机构，其基本操作流程是从资产原始权益人处购买证券化资产，以自身名义发行资产支持证券进行融资，再将所募集到的资金用于偿还购买发起人基础资产的价款。

响，苏宁云商也不会因为项目公司债务原因受损。投资方可以更安全地将资金投入到项目中，以尽可能低的成本（运作成本、管理费用、税负成本、时间成本等）持有一定资产。

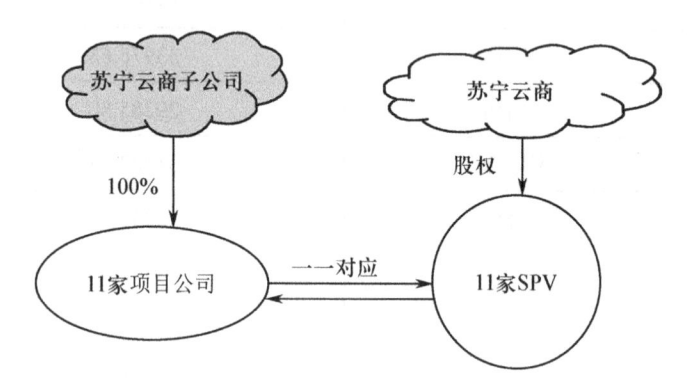

图2　苏宁云商成立11家SPV，与11家项目公司一一对应

3.3　SPV收购项目公司股权

苏宁云商将11家SPV作为收购项目公司的载体，向子公司以现金形式收购11家项目公司100%的股权（见图3）。但是由于11家SPV的实收资本远低于项目公司的市场价值，因此必须向银行借

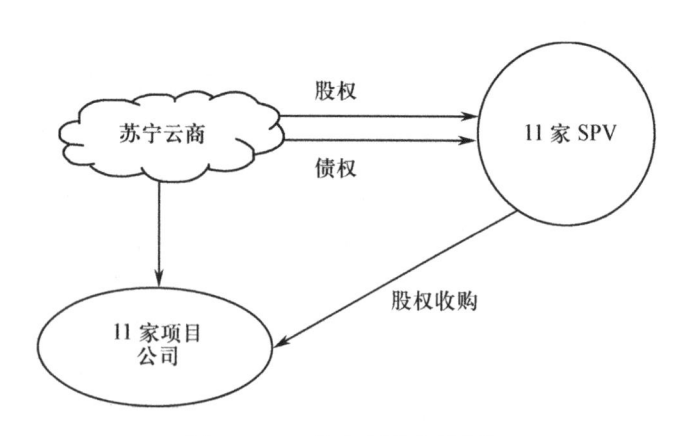

图3　SPV收购项目公司股权

款。银行通过中信苏宁私募投资基金（以下简称"私募基金"）平台以委托贷款的形式向 SPV 发放贷款。苏宁云商子公司将项目公司股权转让给 SPV，取得近 40 亿元的现金收入。最终，苏宁云商持有 11 家 SPV 的股权和债权。

3.4 苏宁云商转让 SPV 股权给私募基金

随后，苏宁云商完成出售交易，将 11 家 SPV 的股权转让给私募基金（见图 4）。因为 SPV 持有 11 家项目公司的全部股权，所以苏宁云商也间接对项目公司拥有绝对控股权。苏宁云商连带把 11 家项目公司的股权全部转让给私募基金，取得现金收入。

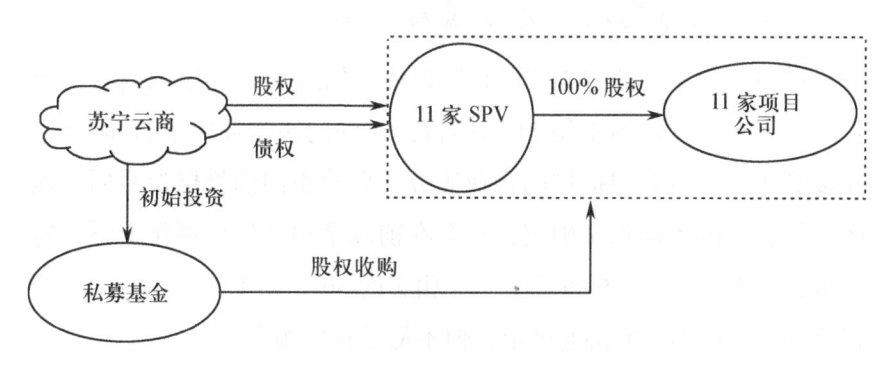

图 4 苏宁云商转让 SPV 股权给私募基金

3.5 项目公司吸收合并 SPV 公司

项目公司吸收合并 SPV，SPV 注销，11 家项目公司续存，并成为私募基金的全资子公司（见图 5）。合并前，项目公司拥有对 11 家门店物业的长期资产，SPV 拥有对项目公司的股权投资；合并后，项目公司仍然拥有原先的长期资产，但同时还增加了原先 SPV 对私募基金的负债。苏宁云商也完成了 11 家自有门店物业资产的内部增值，并将项目融资的债务风险和经营风险大部分限制在 11 家项目公司中。

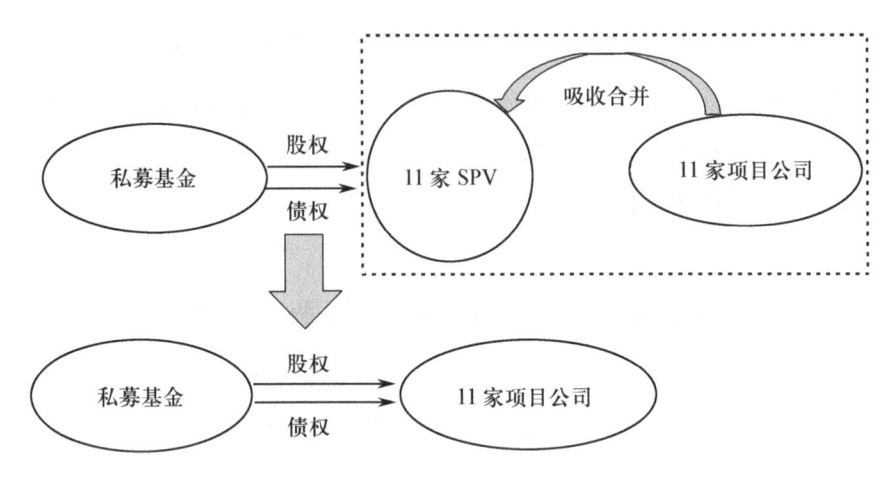

图5 项目公司吸收合并 SPV 公司

3.6 交易完成，苏宁售后回租

最后，苏宁云商进入"回租"过程（见图6）。苏宁云商将按照合同约定在租赁期内承租11家项目公司的门店物业用于店面经营，并接受相关项目公司提供的物业服务。后续租回的价格参照周边地区类似物业的市场租金确定，租金在前六个租赁年度逐年上浮，每个租赁年度租金上浮标准为上一年租金的3%，第七年至第十二年的租金按届时市场标准协商确定，但不低于首年租金。

图6 苏宁售后回租

4 资产证券化

在上述售后回租交易过程中，苏宁云商通过私募基金以委托贷款的形式向项目公司提供大量资金，间接收购项目公司。那么，苏宁云商又是如何将这个项目资金转给投资方，实现资金回笼的呢？

4.1 苏宁云商资金退出路径

苏宁云商携手中信设立的 REITs[①] 的资金退出路径为：首先，苏宁云商将项目公司全部股权转让给私募基金后，私募基金同时给项目公司发放委托贷款，所以私募基金对 11 家项目公司同时拥有 100% 的控股权和债权；其次，苏宁云商也是私募基金的初始投资者，私募基金将其部分对项目公司委托贷款的未来收益权以实物分配的形式让渡给苏宁云商；最后，苏宁云商再将该收益权转让给专项计划（见图 7）。

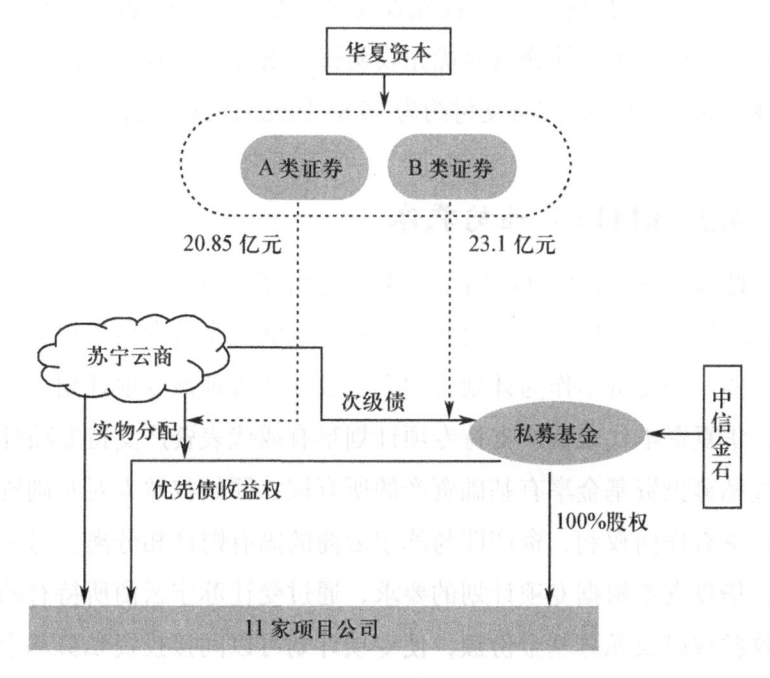

图 7 REITs 资金退出路径

---

① REITs 为 Real Estate Investment Trusts，即房地产投资信托基金。

中信证券联合苏宁云商创设的这项计划①的规模接近44亿元。其中，A类证券规模约为20.85亿元，期限为18年，每3年开放申购/回售；B类证券规模约为23.1亿元，期限为3+1年。A类证券的预期收益率为7.0%～8.5%；B类证券是固定+浮动收益，固定部分收益率为8.0%～9.5%。为提高该项计划的信誉，中信金石基金管理有限公司引入苏宁电器集团（苏宁电器集团是苏宁云商的第二大股东，以下简称"苏宁电器"）作为资产支持专项计划相关的金融产品投资方。为此，苏宁电器与资产支持专项计划的计划管理人签订《优先收购协议》，具体包括在资产支持专项计划设立日起的3个计划年度之内，苏宁电器需分期支付优先收购权权利对价金，从而享有优先收购权，可收购资产支持专项计划中B类证券所拥有的门店物业相关的权益。这个优先收购权名为权利，实为约束或兜底。如果苏宁电器不行使或放弃优先收购权，则对价为B类资产支持证券规模的29%/年，或将支付约为19.84亿元的权利对价。

4.2 REITs产品的载体

此项交易的REITs产品的载体是由华夏资本管理有限公司（以下简称"华夏资本"）设立的中信苏宁资产支持专项计划资产支持证券。华夏资本作为计划管理人，设立并管理该专项计划。一方面，华夏资本代表资产支持专项计划享有或代表资产支持专项计划通过私募投资基金享有基础资产的所有权，原始权益人对基础资产不再享有任何权利，资产即与苏宁云商的固有财产相分离。另一方面，华夏资本根据专项计划的要求，通过受让苏宁云商所持有的债权收益权以及私募基金份额，使专项计划可以间接投资私募基金所

---

① 该专项计划由中诚信证券评估有限公司进行评级，A类证券评级或为AAA，B类证券评级为A。

持目标资产的权益发售资产支持证券。私募基金转让的是未来应收利息的收益权,其中 A 类证券持有者认购的是私募基金优先债权基金份额,B 类证券持有者认购的是私募基金次级债权基金份额。机构投资者通过华夏资本认购后,成为专项计划资产支持证券持有人。

4.3 专项计划资产收益

专项计划以 11 家门店物业资产为基础,然后通过私募基金持有这些物业,把私募资金的份额作为基础资产来设立资产支持证券。专项计划资产收益构成包括基础资产产生的净租金收入、苏宁电器的优先收购权权利对价、苏宁云商的流动性支持款、基础资产收入在专项计划账户中的再投资收益及计划管理人对专项计划资产进行投资所产生的收益等。另外,专项计划收益的分配顺序是专项计划费用、当期应分配的 A 类证券预期收益及本金、私募基金相关费用,剩余资金收益和苏宁电器支付优先收购权权利对价分配给 B 类证券持有人。

4.4 REITs 产品参与方

该款产品参与方的角色分别为:中信证券是实际设计者;华夏资本作为专项计划的管理人,负责募集资金和设立、管理该专项计划;工行南京分行作为专项计划的托管人,为该专项计划提供资金托管服务;该产品将在交易所上市,中证登作为登记托管机构,负责受益凭证的登记、托管、转让过户和收益支付(见图 8)。

中信证券此次联手苏宁云商推出 REITs 产品,是中信证券 REITs 模式向商业化迈出的重要一步。苏宁云商在实现大量现金回笼的基础上,进一步加快向 O2O 模式转型发展。中信金石和华夏资本均为中信证券子公司，都参与到此次 REITs 产品的设计与推广中，完美地实现了创新型资产运作，推动了资产证券化的新发展。

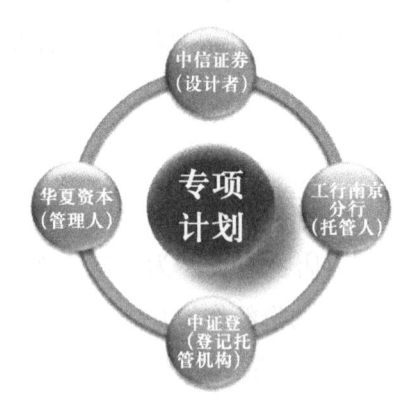

图 8　REITs 产品参与方角色关系图

5　尾声

苏宁云商此次创新资产运作不仅为自己带来丰厚的回报，也为传统零售业优化资产结构带来新的发展契机。如何更好地利用资产证券化减轻资产包袱，减少融资成本，将成为企业研究的新视角。

案例五 苏宁云商集团股份有限公司创新资产运作

一、研究目的

本案例对苏宁云商集团股份有限公司（以下简称"苏宁云商"）创新资产运作的模式进行了描述，有助于研究者了解、掌握和思考以下三项主要内容。

（1）了解企业融资的基本理论知识。

（2）掌握资产证券化的基本流程和内容，学会运用REITs实施资产运作的方法。

（3）思考创新资产运作的特点，以及其他企业如何更好地利用资产证券化进行资产运作。

二、启发思考题

（1）苏宁云商创新型资产运作包括哪些内容？苏宁云商如何进行资产运作？

（2）苏宁云商为什么不选择融资性售后回租而选择经营性售后回租？

（3）私募基金和专项计划的逻辑关系是怎样的？专项计划为什么要分为A类证券和B类证券？

（4）从财务角度分析创新资产运作为苏宁云商带来了什么影响。

（5）资产证券化的特点是什么？具体流程是怎样的？企业进行资产证券化运作需要注意什么问题？房地产企业利用REITs的优点

是什么？

三、分析思路

本案例首先分析苏宁云商进行资产运作的背景和原因，逐步明确资产证券化的前提条件；其次，通过对苏宁云商资产运作流程的深入解析，逐步理解和掌握售后回租、资产证券化运作的相关方法和工具；最后，通过分析苏宁云商资产运作过程中的资金走向，从财税视角探讨苏宁云商资产运作带来的财税影响。

分析思路如图 A 所示。

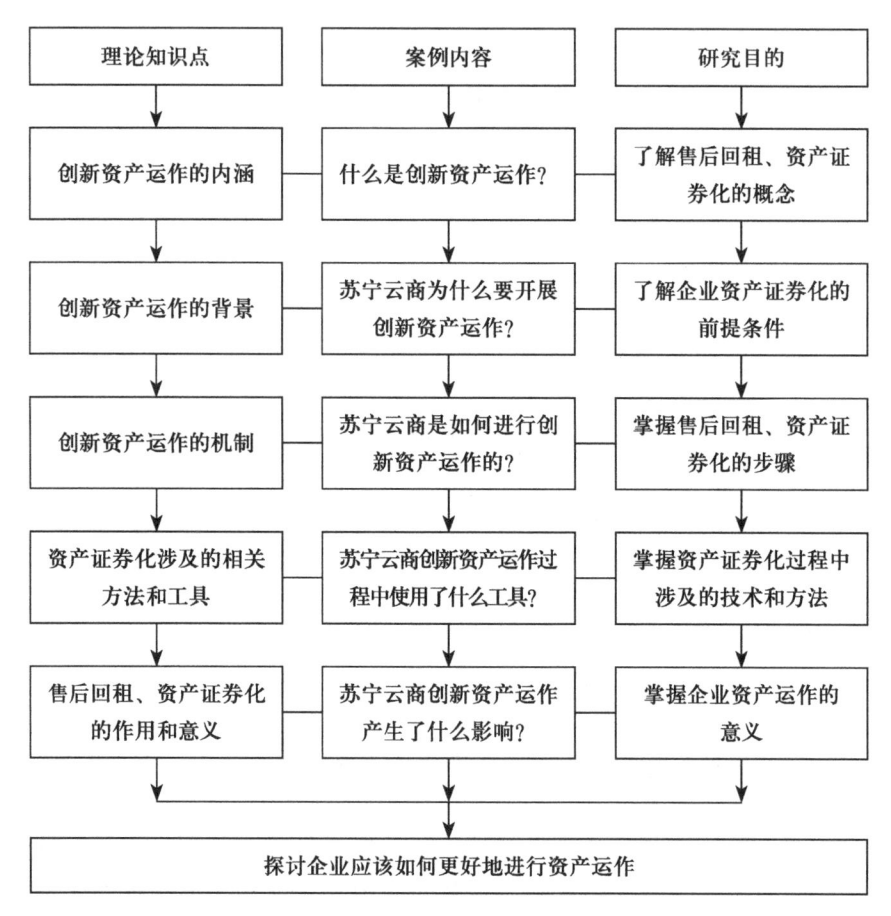

理论知识点	案例内容	研究目的
创新资产运作的内涵	什么是创新资产运作？	了解售后回租、资产证券化的概念
创新资产运作的背景	苏宁云商为什么要开展创新资产运作？	了解企业资产证券化的前提条件
创新资产运作的机制	苏宁云商是如何进行创新资产运作的？	掌握售后回租、资产证券化的步骤
资产证券化涉及的相关方法和工具	苏宁云商创新资产运作过程中使用了什么工具？	掌握资产证券化过程中涉及的技术和方法
售后回租、资产证券化的作用和意义	苏宁云商创新资产运作产生了什么影响？	掌握企业资产运作的意义

探讨企业应该如何更好地进行资产运作

图 A　案例分析思路

四、理论依据及分析

1. 苏宁云商创新型资产运作包括哪些内容？苏宁云商如何进行资产运作？

【理论依据】

（1）售后回租交易。售后回租交易是一种特殊形式的租赁业务，是指资产所有者将资产出售后，又将该项资产从买主处租回。在售后回租方式下，卖主同时是承租人，买主同时是出租人。通过售后回租交易，资产的承租人在保留对资产的占有权、使用权和控制权的前提下，将固定资产转化为货币资本，在出售时可取得全部价款的现金，而租金则是分期支付的，从而获得了所需的资金；而资产的出租人通过售后回租交易，找到了一个风险小、回报有保障的投资机会。

（2）资产证券化。企业资产证券化是将贷款集成组合，然后出售以该贷款组合为担保的证券的过程。①一家银行可以发起一项贷款；②该银行可以将它发起的贷款出售给一家投资银行公司，该投资银行公司创立以该贷款组合为担保的证券；③该投资银行可以从第三方担保人那里获得信用；④投资银行可以将为贷款提供服务的权利出售给一家专门从事为贷款提供服务业务的公司；⑤投资银行可以将证券出售给个人和机构投资者。资产证券化对发行者的益处是：获得较低的筹资成本；更高效地运用资本；管理迅速增长的资产组合；提供更好的资产负债管理；提高财务成果和促使资金来源的多样化。资产证券化对投资者的益处是将不具流动性的资产转变为流动性较高、信用风险降低了的证券。资产证券化对借款者的益处是拥有了一项流动性更强的资产，在需要资本时，可将资产出售。资产证券化对金融市场以及银行和储蓄机构等金融机构的结构都有重大的潜在影响。

（3）房地产投资信托基金。房地产投资信托基金（Real Estate Investment Trusts，REITs）是以发行收益凭证的方式汇集特定多数投资者的资金，由专门投资机构进行房地产投资经营管理，并将投资综合收益按比例分配给投资者的一种信托基金。

【案例分析】

（1）苏宁云商创新型资产运作的主要内容。苏宁云商创新型资产运作主要包括两部分内容：一是苏宁云商开展售后回租交易，将持有的11家优质门店物业设立为项目公司先卖出去，再以租赁形式获取门店使用权，保持原来的日常经营活动；二是苏宁云商和中信证券创设房地产投资信托基金，对项目公司进行资产证券化操作。

（2）苏宁云商进行资产运作的方式。苏宁云商开展售后回租交易，将11家门店物业转让给中信金石基金管理有限公司发起设立的私募投资基金，以开展相关创新型资产运作模式，即中信华夏苏宁云创资产支持专项计划，并在后续以稳定的市场租金和12年租期的租约获得门店物业的长期使用权。

2. 苏宁云商为什么不选择融资性售后回租而选择经营性售后回租？

【理论依据】

（1）售后回租的分类。按照租赁的分类标准，售后回租分为融资租赁和经营租赁。根据我国《企业会计准则——租赁》的规定，承租人和出租人应当自租赁开始日将租赁资产分为融资租赁和经营租赁。企业对租赁进行分类时，应当全面考虑租赁期届满时租赁资产的所有权是否转移给承租人、承租人是否有购买租赁资产的选择权、租赁期占租赁资产使用寿命的比例等各种因素。满足以下一项或数项标准的租赁，应当认定为融资租赁。

第一，在租赁期届满时，租赁资产的所有权转移给承租人。

第二，承租人有购买租赁资产的选择权，所订立的购买价款预计远低于行使选择权日租赁资产的公允价值，因而在租赁开始日就可以合理确定承租人将会行使这种选择权。

第三，即使资产的所有权不转让，租赁期也会占租赁资产使用寿命的大部分。

第四，承租人在租赁开始日的最低租赁付款额的现值，几乎相当于租赁开始日租赁资产的公允价值，出租人在租赁开始日的最低租赁收款额的现值，几乎相当于租赁开始日租赁资产的公允价值。

第五，租赁资产性质特殊，如果不做较大改造，只有承租人才能使用。

（2）融资租赁的财务决策分析。企业在进行融资租赁财务决策分析之前，要先了解企业进行相关决策的整个过程。按照一般企业进行决策的时间顺序，可以将其分为三个阶段：①购买决策和租赁决策的比较；②租赁方式的选择，即经营租赁和融资租赁的比较，对比不同租赁方式下现金流量的构成及折现率的判定；③租金定价决策，评价现有的租金是否有利可图，因为在确定使用租赁方式之后就面临每期支付租金的计算，而这往往是决定整个租赁决策的关键。

【案例分析】

苏宁云商开展的售后回租交易是经营租赁。苏宁云商开展售后租回交易，将 11 家门店物业转让给私募投资基金，后续以稳定的市场租金和12年租期的租约获得门店物业的长期使用权。这11家门店物业的转让价格根据外部独立评估师的资产评估价值协商确定，该项资产评估所采用的主要参数为市场租金、租金增长率、空置率、净运营收益及净收益折现率等。后续租回的价格参照周边地区类似物业的市场租金确定，租金在前六个租赁年度逐年上浮，每个租赁年度租金上浮标准为上一年租金的3%，第七年至第十二年的租金按届时市场标准协商确定，但不低于首年租金。苏宁云商认为该租赁合同条款不符合融资租赁的判断标准，认定该售后回租交易为经营租赁，且该售后回租交易是按照公允价值达成的。

3. 私募基金和专项计划的逻辑关系是怎样的？专项计划为什么要分为A类证券和B类证券？

【理论依据】

（1）私募基金。私募基金（Private Equity）是指以非公开方式向一些特定投资者募集资金的投资基金。通常情况下，基金发起人通过电话、信函、面谈等方式，直接向一些老客户、亲朋好友等投资者推销基金证券，并由这类投资者认购。由于私募基金容易发生不规范的行为，因此一些国家的法律法规明确限定私募基金证券的最高认购人数，超过最高认购人数就必须通过公募发行。一般来说，私募基金所需的各种手续和文件较少，受到的限制较少，但以这种方式发行的基金证券一般数量不大，而且投资者的认同性较差，流动性较差，不能上市交易。

（2）长期融资规模的权衡。公司管理层进行长期融资规模的决策时，通常会考虑以下两个方面的因素。

第一，支撑业务增长与满足投资需求。为满足与企业经营规模及营业收入增长能力相匹配的资金需求，管理层需要基于发展战略

案例五　苏宁云商集团股份有限公司创新资产运作

和实施规划对固定资产投资、研发支出、偿还银行贷款等所需要的长期融资的规模进行权衡。此外，为实现业务布局与重组的资源配置，也需要管理层对融资需求做出安排。

第二，平衡财务流动性与降低财务风险。公司财务流动性管理的核心在于平衡收入与支出现金流量的数量和时点，因企业营业收入与融资规模之间具有联动关系，保持良好的财务流动性状况需要权衡债务融资及权益融资的规模与营业收入规模之间的关系。当来自资本市场的权益融资难以及时补充时，特别是在无法明显提高商业信用融资比重的情形下，主要依赖有息债务融资支撑营业收入增长会对企业保持财务流动性产生明显的压力。与此相反，如果企业在业务高峰期间拥有较高水平的债务融资，当营业收入萎缩时会导致营业成本补偿能力与债务偿还能力不足，引发财务风险。

【案例分析】

（1）私募基金是由中信证券和苏宁云商联合设立的房地产投资信托基金。该基金实际由中信金石设立，苏宁云商作为初始投资方，通过债权和股权形式持有11家项目公司。同时，中信证券联合苏宁云商创设专项计划，苏宁云商将其所持有的债权收益权以及私募基金份额转让给专项计划。投资者通过认购专项计划证券成为专项计划资产支持证券持有人，享有私募投资基金基础资产的所有权。

（2）专项计划的A类和B类证券分别属于苏宁云商的长期和短期融资。A类证券规模约为20.85亿元，期限为18年，每3年开放申购/回售；B类证券规模约为23.1亿元，期限为3+1年。A类证券的预期收益率为7.0%～8.5%；B类证券是固定+浮动收益，固定部分收益率为8.0%～9.5%。中信为苏宁云商设立的这款资产支持专项计划是一项长期和短期合理配置的融资计划。对于A类证券，苏宁云商可以延长融资时间，降低融资成本；对于B类证券，苏宁云商可以在短期内快速获得融资资金，盘活资产，将重资产转换为轻资产。

4. 从财务角度分析创新资产运作为苏宁云商带来了什么影响。

【理论依据】

企业的融资租赁行为主要从损益、资本成本、资本结构、资本流动性四个方面对企业财务造成影响。第一，融资租赁通过"折旧抵税额"和"分摊的未确认融资租赁费用的抵税额"影响企业的各期损益，相比自购资产方案的会计利润更大。第二，融资租赁的资本成本一般低于股票融资的资本成本，合理选择融资租赁方案可以降低企业的资本成本。第三，融资租赁在资产负债表中确认固定资产的同时，还会确认长期应付款，进而导致资产负债率上升，引起资本结构变化。第四，与自购资产的方式相比，融资租赁可以节约企业的现金支出，提升资本的流动性。

【案例分析】

（1）降低资产负债率。截至2014年7月31日，苏宁云商11家自有门店物业的账面净值为169570.05万元。根据苏宁云商2014年年报，11家门店物业的转让价格总计约为43.42亿元，考虑门店物业初始购入时的评估增值之后，门店物业于转让日的账面价值总计约为17.56亿元，营业外收入约为23.81亿元，税后净利润约为19.77亿元。交易完成后，苏宁云商盘活了固定资产，增加了资产价值，降低了资产负债率。苏宁云商拥有大量自有物业资产，如果按照当前市场价值盘活这些资产，苏宁云商的潜在税前增值收益将达到94亿～242.1亿元（见表A）。在负债不变的情况下，苏宁云商盘活了固有资产，将极大地改善资产负债率。

案例五 苏宁云商集团股份有限公司创新资产运作

表A 改善资产负债率等各项财务指标

苏宁云商自有物业增值计算	
自有物业–门店	
门店数量	47
门店面积（万平方米）	42.3
评估单价假设（万元/平方米）	1.5～2.5
自有物业NAV（亿元）	63.5～105.8
自有物业–总部园区	
徐庄总部园区面积（万平方米）	22.9
评估单价假设（万元/平方米）	1.5～2.5
自有物业NAV（亿元）	34.4～57.3
自有物业–物流园区	
自有物业面积（万平方米）	352
评估单价假设（万元/平方米）	0.30～0.45
自有物业NAV（亿元）	105.6～158.4
自有物业–在建物流项目	
自有物业面积（万平方米）	200
评估单价假设（万元/平方米）	0.3～0.45
自有物业NAV（亿元）	60～90
合计自有物业面积（万平方米）	617.2
合计自有物业NAV（亿元）	263.5～411.5
自有物业账面净值（亿元）	169.4
潜在税前增值收益	94.1～242.1

（2）增加现金流。苏宁云商通过售后回租方式，以账面价值17.56亿元的固定资产，换取19.77亿元的税后净收益。这不仅可以盘活不断升值的门店，还可以实现资金回笼。回笼的资金还可以再次投入优质门店，建立购置门店资产→门店运营的良性资产运营模式。通过资产证券化的运作模式，苏宁云商不仅仍然持有这些资产的使用权，最后还可能拥有资产所有权。资产的所有权只是暂时变现，却为苏宁带来了大笔的现金流和账面利润。

（3）控制债务风险。苏宁云商创新资产运作的过程中，没有直接将资产所有权转移给基金公司换取现金，而是先以资产成立项目公司，注册SPV，再通过合并吸收等方式操作，最后把项目公司"打包"出售。苏宁云商以SPV作为载体收购项目公司的运作方式，有效隔绝了项目公司可能存在的破产风险。也就是说，一旦项目融资出现债务或经营风险，苏宁云商的经营活动可以不受影响，保持独立经营。

5. 资产证券化的特点是什么？具体流程是怎样的？企业进行资产证券化运作需要注意什么问题？房地产企业利用REITs的优点是什么？

【理论依据】

（1）资产证券化的定义。资产证券化是以特定资产组合或特定现金流为支持，发行可交易证券的一种融资形式。

（2）资产证券化的特点。

①利用金融资产证券化可提高金融机构的资本充足率。

②增加资产流动性，改善银行资产与负债结构失衡的状况。

③利用金融资产证券化可降低银行固定利率资产的利率风险。

④银行可利用金融资产证券化来降低筹资成本。

⑤银行利用金融资产证券化可使贷款人的资金成本下降。

⑥金融资产证券化的产品收益良好且稳定。

（3）资产证券化融资的基本流程。发起人将证券化资产出售给一家特殊目的实体（Special Purpose Vehicle，SPV），或者由SPV主动购买可证券化的资产，然后SPV将这些资产汇集成资产池，再以该资产池所产生的现金流为支撑在金融市场上发行有价证券融资，最后用资产池产生的现金流来清偿所发行的有价证券。

【案例分析】

（1）企业运用资产证券化这一融资工具时，第一，必须满足基本的条件，即有一定的资产来支撑发行的证券，并且必须保证其未来有可预期的收益回报；第二，资产所有者必须把资产出售给SPV，并通过设立SPV将资产进行风险隔离，实现破产隔离；第三，建立风险隔离机制，避免出售的资产受到SPV破产的影响。这样做的目的是降低资产风险，提高资产支持证券的信用等级，降低融资成本。

（2）商业地产企业利用REITs退市套现。在REITs存在的情况下，商业地产行业的运转将出现精细化合作，不同风险偏好的资金将会流向商业地产运作的不同环节，进而实现资金的风险偏好与投资收益相匹配。追求高投资回报的房企将会负责商业地产的前期开发以及培育，然后将培育成熟的商业物业出售给REITs，实现退市套现，迅速回笼资金，提高内部收益率（IRR），并且缩短投资回报周期（见图B）。追求稳健收益的投资者将会通过持有REITs份额获得经营商业物业过程中的持续稳定的租金分红收益。表B为测算模型的各个参数。

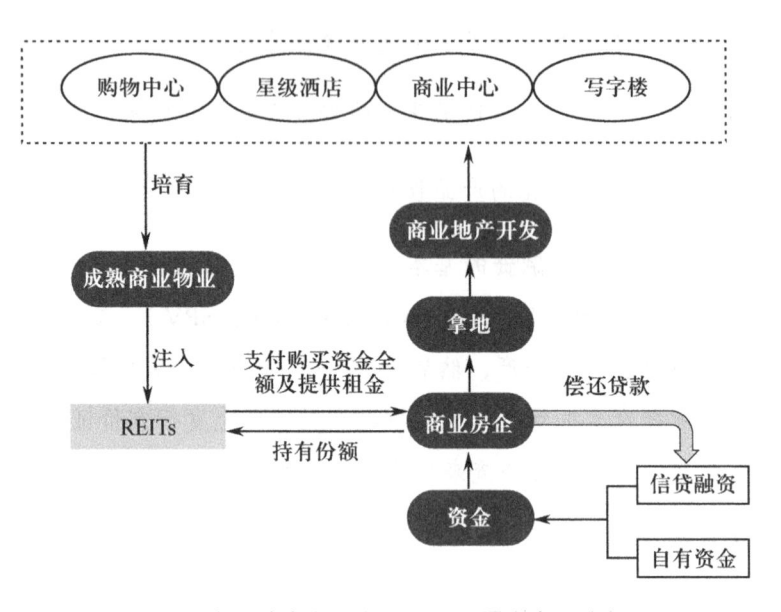

图 B 商业地产企业利用 REITs 退市套现流程图

表 B 测算模型参数

类型	建筑面积（万平方米）	楼面价（万元）	建安成本（万元）	杠杆（%）	利率（%）	月租金收入（元/平方米）	月运营成本（元/平方米）	出租率（%）第二年	出租率（%）之后	重置成本（元/平方米）	参数比照对象
写字楼	4.4	15000	5000	70	7.5	300	70	40	95	30000	渣打银行
零售物业	6.6	10000	5500	70	7.5	210	53	40	95	20000	96广场
酒店	3.0	10000	9000	70	7.5	350	200	30	60	30000	东怡大酒店
出租型住宅	8.4	10000	7000	70	7.5	150	45	40	95	26000	东和公寓

通过测算可以发现，在有 REITs 的情况下，商业地产企业通过

将其所持有的商业物业（无论是写字楼、零售物业、酒店还是出租型住宅）出售给REITs实现退市套现、回笼资金，进而提高了IRR和缩短了投资回报周期，而这也是REITs对商业地产企业最大的影响（见表C）。

表C 模型测算表

类型	指标	没有REITs的情况	有REITs的情况		
			持有100% REITs份额	不持有 REITs份额	持有部分 REITs份额
写字楼	投资回报周期	13	11	8	8～11
	IRR	14%	17%	25%	17%～25%
零售物业	投资回报周期	16	14	9	9～14
	IRR	12%	14%	18%	14%～18%
酒店	投资回报周期	—	—	10	—
	IRR	—	—	15%	0～15%
出租型住宅	投资回报周期	18	15	8	8～15
	IRR	8%	10%	24%	10%～24%

苏宁云商沉淀了超过600万平方米的自有物业，除自有门店物业以外，还包括接近400万平方米的物流仓储基地。如果未来能继续以创新资产运作的模式挖掘其潜在价值，将给苏宁云商带来可观的稳定现金收入，帮助其加速向互联网零售转型。

五、背景信息

在过去的重资产经营模式中，商业地产从一开始就是沉重的经营包袱，举步维艰，这也使得线下实体店与电商的竞争处于不公平的地位。不仅如此，实体店甚至还有可能成为线上店铺的"试衣间"，成为线上发展的垫脚石。苏宁作为传统门店式零售业的巨头，不甘于被电商打败，一直在寻求转型之路。最终，苏宁通过选择O2O模式，反击天猫、京东等主要电商的强势进攻。

为推进向一体两翼的互联网O2O零售模式转型，苏宁云商携手中信证券开展了售后回租交易。这桩交易备受市场关注，并且在商业地产行业和金融行业掀起轩然大波。在这桩交易中，双方共同创设的房地产投资信托基金产品成为中国市场向REITs推进的典范。这桩交易不仅使得近年来高速发展又陷入了某种困境的两大行业获得新突破，还为资本市场带来新的发展方向。中信证券凭借对市场变化的敏锐把握和产品创新能力，快速抢占先机，推出第一个准REITs产品，在低迷的券商市场中强势崛起。

六、关键要点

本案例描述了苏宁云商开展售后回租交易并结合资产证券化操作实现创新资产运作的过程。通过案例分析，可以了解售后回租的融资方式，理解资产证券化的资金运作方法，掌握创新资产运作的具体流程。同时，研究者还应思考企业如何利用创新资产运作优化和盘活资产，并探讨可行的融资方案。

案例六

BNC 公司绩效管理体系[*]

摘要：BNC 公司的管理员工大多来自国内名校，整体水平较高。目前，BNC 公司的绩效考核完全采用结果制，注重严谨和量化。然而，在绩效管理的各个环节中，这种制度并没有完全达到促进工作和沟通协作的效果，反而在一定程度上打击了员工的工作积极性。本案例介绍了 BNC 公司现行绩效管理的形式以及员工对绩效考核的反应。通过分析本案例，有助于理解绩效管理的整体过程，发现绩效管理某些环节的缺失可能带来的重大隐患。

关键词：BNC 公司；绩效管理

---

[*] 1. 本案例由阳芳、刘青云、万灏撰写，作者拥有著作权中的署名权、修改权、改编权。

2. 本案例授权中国管理案例共享中心使用，中国管理案例共享中心享有复制权、修改权、发表权、发行权、信息网络传播权、改编权、汇编权和翻译权。

3. 由于企业保密的要求，在本案例中对有关名称、数据等做了必要的掩饰性处理。

4. 本案例只供研究分析之用，并无意暗示或说明某种管理行为是否有效。

0 引言

虽然2013年度的绩效考核工作已经接近尾声,但是BNC公司的人力资源部经理却感到身上的压力越来越大。现在公司上上下下意见不少,有的员工直接来找他反映问题,有的则是由部门主任来转达不满和想法,这些都与这次年度绩效考核有关。特别是接到人力资源部下发的根据考核结果扣发部分浮动工资的书面通知后,员工产生了不满情绪,这使他越发感到事情不妙。他实在不明白,目前企业的工资水平在同地区处于中等水平,是一个受欢迎的企业,集团人力资源部在绩效管理工作会议上一直强调要通过绩效管理来提升工作绩效、激励员工,也强调了绩效考核的公平公正性,用结果来说话,为什么大家还会不满意。

1 企业概况

BN集团成立于1999年,其主要业务起源于综合化工产品的进出口贸易,在医药、食品、饲料的原料和中间体行业及基础化工原料行业享有良好的商业信誉。随着业务的不断发展和扩大,先后投资参与创办了饲料添加剂、基础化工、建材等工业实体。公司从安全、环保、卫生角度出发,建成中国第一个现代化的无污染生产线。公司建立了完善的ISO22000质量管理体系,并通过欧盟官方FAMI-QS的认证。早在1999年,BN集团就提出按照EEC标准生产,这使得其产品率先进入欧美市场。优秀的品质和良好的信誉为公司赢得了国内外客户的信赖和支持。集团已具备年产12万吨氯化胆碱的生产能力,建立了覆盖全球的销售网络。

BNC公司是BN集团继山东氯化胆碱项目之后扩建的又一现代

化饲料添加剂工厂，位于渤海之滨的中捷友谊农场，被欧美业界权威人士评价为"中国最好的氯化胆碱工厂"。公司秉承"物有所值，安全重于一切"的理念，在提高产品品质、控制杂质残留、安全生产、环境保护等各方面积极努力。公司拥有国内先进的生产设备和完善的安全卫生控制手段，在全封闭连续化环境下生产，确保生产过程中没有污染的可能。公司建立了完整的过程检测系统，确保每一个工艺点的控制准确性，确保最终获得最可靠的氯化胆碱成品。同时质保部门对从原料到成品出厂的全过程进行跟踪随检，建立了同行业中先进的中心实验室，为品质护航。公司取消了燃煤锅炉，采用集中供热系统，从而避免了二噁英污染。

2　企业组织结构与人员情况

BNC 公司地处河北省沧州市中捷友谊农场临港化工园区。公司为股份制企业，注册资金 3000 万元，月产量 1500 吨，年营业额 1000 万~5000 万元。公司主要产品是饲料添加剂、氯化胆碱，通过了 ISO9001、ISO22000 认证。公司拥有 200 多名员工，其中中高层管理人员约 20 人。

管理人员年龄情况如下：35 岁以下的占 45%，35~45 岁的占 31%，45 岁以上的占 24%；学历情况如下：专科占 46%，本科占 31%，硕士占 12%，高中或中专占 11%。

公司的组织结构如图 1 所示。

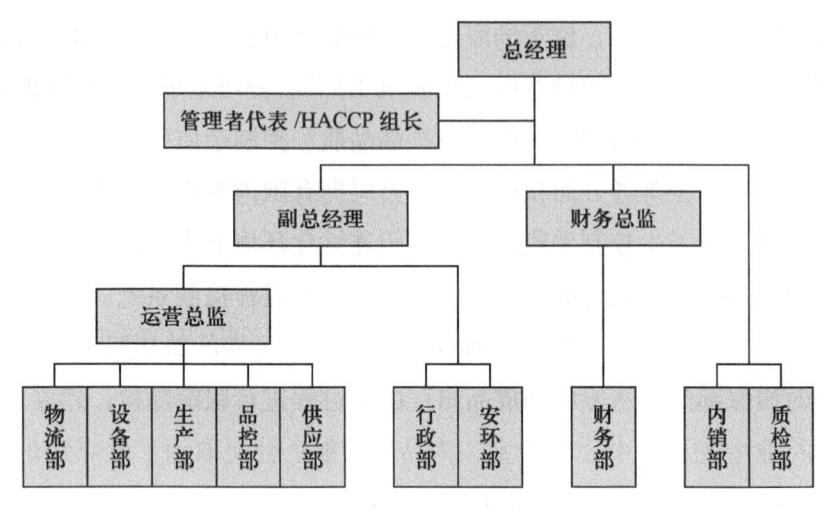

图 1　BNC 公司的组织结构

3　BNC 公司现行的绩效考核制度

近年来，BNC 公司在全体员工中开展绩效考核。考核制度具体规定如下。

3.1　考核的层次及现状

BNC 公司针对不同层级的员工采取了不同的绩效考核制度，主要分三个层次，绩效考核的重点是中高层管理人员。

（1）对高管人员实行按月、按年考核制度，但目前在高层绩效考核与能力匹配方面有缺陷，考核起来有困难。另外，高管实行年薪制。

（2）针对中层人员采用日报方式，明确了中层人员的任务，真实度能达到 80% 以上。这样做虽然效果还不错，但抱怨也不少。

（3）基层员工大多数是农民工，采取弹性工作制，上 12 小时班休息 24 小时（即补休 1 天），这样既能保障生产连续性，使产品质量稳定性好，也能节约成本。对基层员工主要采取计时工资或计件工资制，大家的意见不大。

3.2 绩效考核原则

（1）公开性原则。考核组织者要向被考核者明确说明考核管理的标准、程序、方法、时间等事宜，使考核管理有透明度。

（2）公平公正性原则。对被考核者的任何评价与考核都应有事实根据，避免主观臆断。

（3）开放沟通原则。在整个考核过程中，考核组织者和被考核者要开诚布公地进行交流，考核结果要及时反馈给被考核者，肯定成绩、指出不足，并提出今后应努力和改进的方向及办法。当发现问题或有不同意见时，应在第一时间进行沟通。

3.3 绩效指标的形成与确定

3.3.1 绩效指标的来源

根据工作分析，找到关键绩效指标，并赋予相应的权重。

3.3.2 绩效指标选取、决定的步骤

中高层管理人员根据所管辖部门的情况收集本部门各岗位的绩效指标，然后提出本部门的绩效指标，公司召开反馈会议对各部门报上来的绩效指标进行修改，意见基本达成一致以后进行公示，从而把关键绩效指标确定下来。

3.4 考核的依据、主体、对象和频率

（1）考核的依据：被考核者在工作过程中的工作表现观察记录和工作成果。

（2）考核的主体：上一级管理人员或行政部。

（3）考核的对象、频率：考核对象为中层以上管理人员，每月考核一次，半年一小结，年度一汇总。

3.5 工作日志立卷存档制度

为了促进各部门工作的标准化、制度化、常规化，避免懈怠拖沓，使上下级管理部门的工作得到有效执行，同时监督各部门的工作情况，应将各部门的每日工作进行记录，立卷存档。

具体工作要求如下。

（1）按照各部门的日常工作要求，建立部门负责人工作日志，由部门负责人将其工作进行系统记录。

（2）根据部门工作要求和部门负责人工作日志，由各部门负责人填写当天工作记录并签字，上交副总经理，由副总经理审核签字。质检部向总经理上报审核，总经理不在厂时向副总经理上报审核。

（3）副总经理将审核签字后的工作记录交书记签收，与书记处的运营监督表进行核对，发现问题后及时通报。

（4）办公室设立公司各部门工作记录卷宗，接收书记转入的当天工作记录。

（5）由公司办公会议讨论和完善部门负责人工作日志和工作记录的形式。

（6）部门负责人工作日志由各部门负责人进行日常保管使用，每年1月10日前将前一年的工作日志交书记签收，由办公室存档。工作记录为每日存档，因外出或休息未能由部门负责人本人完成的，由副职完成。未设立副职或副职亦不在岗位的，应由部门负责人委托当日当班的责任员工完成。审核主管副总因故未在岗的，由书记代为审核。书记不在岗的由综合办公室代收记录并存档。财务及综合办公室的工作记录由主管副总收存。

（7）工作记录在每天9：00—10：00内完成并存档，并发送电子版给主管副总、总经理和办公室存档。财务部门工作记录电子版不发办公室，由行政副总负责建立电子档。

（8）文本及电子版档案均属于公司保密文件，个人及部门不得查阅、复印或转发。办公室主任和主管副总对各自所保管的档案负全责。

（9）工作日志立卷存档旨在让制度和日常工作得到彻底落实。公司以三级记录的形式监督全过程，各部门不得以任何主观理由停止或拖延实施。连续三次敦促仍未执行的，将免去相关责任人的职务。

（10）工作记录也是考核部门负责人工作绩效的有效手段之一。若当月少报一份，则部门负责人绩效工资扣50元。部门负责人工作日志及工作记录见附录2。

3.6 中高层管理人员的绩效考核表——以运营总监为例

BNC公司特别重视中高层管理人员的绩效考核。BNC公司领导者认为，中高层干部是企业承上启下的中坚力量，在他们的肩上既有贯彻落实高层战略意图的重任，又有带领团队冲锋陷阵的责任，所以，针对中高层干部在企业的特殊定位，对他们实行恰如其分的激励政策与措施，不仅关乎中高层干部队伍的健康成长，也关乎企业的可持续发展和未来的竞争力。

运营部是 BNC 公司中最主要的一个管理部门，下设物流部、品控部、设备部、生产部和供应部，是生产型企业中最典型的部门。因此，下面以运营总监为例，来看看 BNC 公司的中高层管理人员的考核制度。

3.6.1 运营总监的工作分析

（1）确保 BNC 公司在合理合法、无事故的前提下安全、绿色运行（以各车间及锅炉房月/年正常生产的时间为考核依据）。

（2）负责并完成安全环保技术的提升，显著提高 BNC 公司的异味控制能力（以全月因安全环保因素停产、减产的时间为考核依据）。

（3）确保 BNC 公司月度、年度计划的顺利实施和完成（以月度、季度、年度产量数据达标为依据），对生产计划进行总协调。

（4）对公司内安全环保、生产部门实施有效管理；与政府安全、环保、消防部门进行有效沟通，取得政府管理部门对公司安全环保工作的支持（以安全环保、生产部门的考核结果为依据）。

（5）配合总经理有效降低成本（以财务数据为依据）。

（6）履行 7S 及技术小组职责（考核 7S 及技术提升计划和计划实施结果，由总部及第三方机构评价）。

（7）设备维修保障，确保生产任务的完成（考核车间记录及设备维修保障计划及其实施）。

（8）及时处理客户投诉。

（9）公司安排的其他工作（由总经理考核）。

案例六 BNC 公司绩效管理体系

3.6.2 运营总监绩效考核表

对运营总监每月考核一次,半年一小结,年度一汇总。运营总监的考核主体:数据由行政部采集,总经理负责考核。运营总监绩效考核表如表 1 所示。

表 1　BNC 公司运营总监绩效考核表

	序号	内容要求	权重	完成情况	得分	未达标原因 1	未达标原因 2
考核项目	1	合成停产天数	10				
	2	干燥停产天数	5				
	3	锅炉停产天数	10				
	4	合成（吨）	10				
	5	干燥硅（吨）	10				
	6	管理提升	10				
	7	安全环保及提升	10				
	8	部门管理	20				
	9	客户投诉处理	10				
	10	无事故及其他	5				
工作成绩							
存在问题							
评价					结论:		
考核时间				考核成员			

注:停产天数为非正常停产天数,不包括节假日放假和月度计划性维保,停 1 天扣 1 分。合成、干燥硅完成达到 100% 得 20 分,达到 80% 以上得 15 分,达到 70% 以上得 10 分,70% 以下 0 分;超过指标 1 个百分点加 1 分。部门管理绩效为下辖生产、安全、环保、设备每部分按照 5% 权重计算的考核成绩的总和。

3.6.3　2013年度运营总监的两份绩效考核表

表2　BNC公司运营总监绩效考核表（1）

填表时间：2013年3月

	序号	内容要求	权重	完成情况	得分	未达标原因1	未达标原因2
考核项目	1	合成停产天数	10	合成停产13天	0		
	2	1#干燥停产天数	5		5		
	3	2#干燥停产天数	5		5		
	4	锅炉停产天数	10	3月3日、7日、12日、14日、15日、17日、18日、19日、21日、23日、25日、27日、28日、29日 锅炉出现不同程度的故障	7		
	5	合成（吨）	10	2066.81吨	0		
	6	干燥硅（吨）	10	粉剂2486.45吨，硅223.65吨	10		
	7	管理提升	10		10		
	8	安全环保及提升	15	本月干燥车间×××出门撞伤、×××手受伤	13		
	9	部门管理	15		13		
	10	客户投诉处理	5		5		
	11	无事故及其他	5		5		

续表

工作成绩	
存在问题	
评价	结论: 73

考核时间:2013年4月20日　　　考核成员:×××

注:停产天数为非正常停产天数,不包括节假日放假和月度计划性维保,停1天扣1分。合成、干燥硅完成大于100%得10分,完成90%以上得5分,90%以下0分。部门管理绩效为下辖生产、安全、环保、设备每部分按照5%权重计算的考核成绩的总和。

表3　BNC公司运营总监绩效考核表(2)

填表时间:2013年10月

	序号	内容要求	权重	完成情况	得分	未达标原因1	未达标原因2
考核项目	1	合成停产天数	10	合成停产9天	10	DCS系统10日至18日安装调试	
	2	干燥停产天数	5	干燥停产3天	5	17日至19日	
	3	锅炉停产天数	10	停3天	7		
	4	合成(吨)	10	3248.38吨	10		
	5	干燥硅(吨)	10	硅175.95吨,粉剂1784.825吨	10		
	6	管理提升	10		8		

续表

考核项目	7	安全环保及提升	10		10	
	8	部门管理	20		18	
	9	客户投诉处理	10		10	
	10	无事故及其他	5		5	
工作成绩						
存在问题	钢炉供热系统的保障存在欠缺					
评价					结论：	93

考核时间：2013年11月20日　　　　考核成员：×××

注：停产天数为非正常停产天数，不包括节假日放假和月度计划性维保，停1天扣1分。合成、干燥硅完成大于100%得10分，完成90%以上得5分，90%以下0分。部门管理绩效为下辖生产、安全、环保、设备每部分按照5%权重计算的考核成绩的总和。

3.6.4 考核后各部门的意见

2013年度的绩效考核工作已经结束，年度考核的结果意味着年底分红的多少，很多员工都对绩效考核结果敏感起来。2013年10月的考核结果出来后，各个部门都有一定的意见。在公司中高层会议上，大家对这一年的绩效考核褒贬不一，批评声居多。有不少管理者抱怨工作记录每天都要填写，已成为大家的负担。有不少员工千篇一律地复制粘贴，上一级领导并不能及时发现，也少于反馈。从绩效考核的结果来看，对某些岗位管理人员的考核并不能反映真实情况，不足以服众。例如,运营总监在全公司绩效考核中排名前五,运营总监认为自己名副其实。他认为自己一年365天几乎有350天待在公司,全公司能做到如此"视厂为家"的,他算第一名,而且全年的任务全额完成,没有发生大的安全事故。但其他的中层并不认同,如内销部负责人认为,运营总监只管完成自己的生产任务,不考虑顾客的需求,一年中造成过两次因产品装袋的规格不符合要求而重新更换包装袋的情况,造成了不必要的浪费。对此,运营总监大呼冤枉,他说他之前也不知道顾客有不同的要求,而且当时要货要得急,所以只能把刚装好袋的产品重新换包装,这虽然造成了浪费,但保证了按时发货。内销部负责人又说,运营总监总是根据生产车间工人(该公司生产车间的员工多是"半工半农"的临时工)的出工情况而不是市场的需求来安排生产,造成某些规格的产品阶段性产量太多,又由于市场一时销售不了,导致产品积压和库存增多,使得内销部的任务加重,影响了内销部的绩效。财务部也向人力资源部反映了类似的问题,提出运营总监的工作影响了他们的绩效,指出这一年中锅炉出现过几次故障,造成公司的设备维修费增加不少,还出现过两次人员受轻伤的安全事故,造成公司工伤赔偿费增加,但这些事件似乎没有影响到运营总监的绩效……关于绩效考核的讨论和争辩仍在进行。人力资源部经理陷入了沉思,究竟是哪里出问题了?

4 BNC 公司绩效管理实施情况调查

为了更好地了解公司的绩效管理中存在的问题,人力资源部委托 GX 团队对本公司中的绩效管理情况进行调查,调查结果如下。

4.1 绩效计划完成情况

大部分员工不认可绩效考核这种手段,对公司所实施的绩效考核体系并不是很了解，对自己所在岗位的考核办法和考核标准不是很满意。大多数员工不清楚在该绩效管理周期内应完成什么工作，需要达到怎样的绩效期望，目前的工作任务都是直接来源于上级主管的安排，员工并不能就工作任务与主管进行协商，完全是主管单方面地来制订计划。

4.2 绩效计划实施和管理情况

在绩效计划实施过程中，管理者与员工缺乏沟通和联系，管理者只将工作任务布置下去，当员工执行遇到障碍时，需要自行解决，有的计划即使难以实现，员工也不能根据实际情况与上级主管协商调整绩效任务。

4.3 绩效评价的过程

绩效评价的依据主要是工作成果和工作日志。绩效工资虽然占薪酬的30%，但实际上评价结果对薪酬调整、奖金发放、职务升降以及培训机会等的影响不大。工作成果主要由各项直观的数据体现出来，以考察员工的工作行为和业绩。工作日志不是由员工本人填写，而是由部门负责人记录，以此反映员工工作目标的完成情况，但员工经常不知道工作日志上的内容，因而员工对此的满意度和认同度不高。

4.4 绩效反馈情况

人力资源部会将绩效考核结果第一时间通知到本人，也会准备确切的数据和证据来告知被考核者。同时，在制定绩效管理制度时，明确说明要公平、公正。但就调查结果来看，员工对绩效考核的公平性和公正性不认可。当员工对绩效考核结果存在疑问时，管理人员只是将考核数据告知被考核者，考核者没有发言权，只有知情权，管理人员不会就考核结果做出解释。

4.5 员工对公司绩效管理体系的认同度

在进行公司绩效管理和薪酬分配情况调查时发现，员工对公司绩效管理体系的认同度不是很高（见表4）。

表4 员工对公司绩效管理体系的认同度

	考核内容明确合理	考核过程严密规范	薪酬体现岗位价值和员工贡献	工作日志认同度
员工认同度	4.3	3.7	3.9	2.8

注：认同度满分为5分。

5 尾声

BNC公司对绩效管理情况做了调查，发现员工普遍对绩效管理有意见，大家工作积极性不高。很多员工对公司绩效管理的公平性和公正性表示怀疑，认为绩效管理中考核人员存在不公正的情况。但人力资源部经理却觉得冤屈，明明设计绩效管理体系时最看重的就是公平和公正原则，不想让员工拉帮结派而获得一些虚假的评价，所以才不采用360度反馈法，并且都是用数据和工作日志记录结果说话。更让人力资源部经理生气的是，还有员工直接反映整个绩效管理选择的方法就是错的，认为上级考核太主观，就应该选择360度反馈法，才可以得到信度较高的考核结果。还有员工提议，国外企业大多是采用平衡计分卡，人力资源部也应该顺应潮流，采用平衡计分卡的方法来设计绩效管理体系。人力资源部经理焦急地思考到底是不是需要重新设计绩效管理体系，公司的绩效管理到底存在哪些问题，为什么大家对绩效考核的意见如此之大。

案例研究

一、研究目的

本案例的研究目的在于灵活运用绩效考核的相关理论，综合考虑组织的实际背景，对绩效管理各环节进行分析并提出对策。

二、启发思考题

（1）运营总监的考核指标是否与企业战略相匹配？从BNC公司的组织结构、运营总监的工作分析两方面来审查运营总监绩效考核表中存在哪些问题，以及如何修正。

（2）结合BNC公司营运总监的工作分析和绩效考核表以及两次考核结果，分析BNC公司的绩效管理制度存在哪些问题。

（3）绩效考核一般可以从任务绩效、管理绩效和周边绩效来考核，试从这三个角度来分析目前运营总监的绩效考核是否合理。

（4）企业的绩效管理包括哪些环节？BNC公司的绩效管理是否完整？这些环节是否存在问题？

（5）BNC公司的绩效管理有哪些特点？存在哪些问题？

（6）BNC公司的绩效管理体系是否需要变革？如果需要变革，您有何建议？

三、分析思路

下面提出本案例的分析思路，仅供参考。

案例六　BNC公司绩效管理体系

（1）岗位的绩效计划和目标必须与企业的战略目标相匹配，必须与该岗位在组织中的地位和作用（在组织结构图中的位置）相匹配，还要与其岗位的工作分析相一致。研究者应从企业战略目标、组织结构图及工作说明书三个方面来分析运营总监的绩效考核表存在的不足。

（2）对运营总监进行绩效考核时，应结合他在考核中的排名与其他部门领导对他的评价。也就是说，在绩效考核中应注意任务绩效、管理绩效和周边绩效相结合。

（3）运用绩效管理的相关原理诊断BNC公司绩效管理各环节存在的问题。绩效管理是由多个相互联系的环节组成的循环往复的过程，具体包括绩效计划、绩效实施、绩效考评、绩效反馈和绩效改进。明确每一个阶段、每一个环节的工作要点是深入分析本案例中绩效管理问题的前提。

（4）明确绩效计划在绩效管理中的关键地位。绩效管理的第一个环节是绩效计划，它是绩效管理过程的起点。企业战略要付诸实施，必须先将战略分解为具体的任务或目标，落实到各个岗位。绩效计划实质上是管理者与员工通过双向沟通进行战略目标分解的过程，从这个意义而言，绩效计划发挥着连接企业战略和员工工作实践的作用。

（5）考评指标的设定在很大程度上决定着绩效考核的有效性。考评指标是绩效考核内容的具体体现，它向员工传递一种信息，即"企业看重什么""企业希望员工在哪个或哪些方面有好的绩效"。因此，对员工而言，考评指标具有一定的导向作用。考评指标的设定是否合理、是否具有针对性、是否能够充分反映企业对员工工作过程和工作结果的期望，在很大程度上决定了考评工作的有效性。

四、相关理论依据

1. 关键绩效指标

关键绩效指标（KPI）是监测并促进宏观战略决策执行效果的一种绩效考评方法。企业首先对宏观的战略目标进行层层分解，提出具有可操作性的战术目标，并将其转化为若干考评指标，然后借用这些指标，从事前、事中和事后多个维度，对组织或员工个人的绩效进行全面跟踪、监测和反馈。KPI 不仅是衡量企业战略实施效果的监测手段，而且是实施企业战略规划的重要工具。在实施中，企业应首先确定工作关键产出，然后根据这些关键产出确定评估指标和标准。KPI 强调对员工行为进行激励，最大限度地激发员工的斗志，调动全员的积极性、主动性和创造性。KPI 的设置应符合 SMART 原则，即明确性原则、可量化原则、现实可行性原则、时间和资源限制原则、行为导向性原则。

实施关键绩效指标法之前应明确以下几点：企业是否存在明确的价值取向和目标；员工的职责是否明确；企业内部的绩效考核体系是否公平；企业是否愿意支付一定的考核成本；企业内部是否形成了与绩效考核结果挂钩的激励机制。

2. 企业绩效评价

实行企业层面的绩效管理是集团化企业绩效管理体系的重点。企业绩效管理是指通过科学的方法实现企业层面的绩效计划、绩效实施与辅导、绩效评估、绩效反馈的管理循环。企业绩效目标的确定与绩效评价指标体系的建立是企业绩效管理的核心工作。集团公司通过对下属企业的绩效管理，可以实现经营理念和发展战略的贯彻落实，也可以加强集团的内部控制与管理。20 世纪 80 年代以前，企业绩效评价基本是以财务指标为主。20 世纪 80 年代以后，美国的许多公司意识到过于强调短期财务绩效是其与欧洲、日本企业在竞争时处于不利地位的重要原因，于是开始重视企业长期竞争优势的形成和保持，因而在企业绩效评价中引入非财务指标作为补充。20世纪90年代以后，企业的经营环境面临着巨大的变化，伴随着经济全球化而来的是竞争在全球范围内的加剧，企业要生存和发展，就必须有战略眼光和长远奋斗目标。企业绩效评价应为企业战略竞争优势的形成和保持提供服务，而战略竞争优势的形成和保持是由多方面因素共同决定的，那些影响企业长期战略竞争优势的重要因素也就逐步在绩效评价指标体系中得到充分体现。如卡普兰等研究提出平衡计分卡体系，将财务指标与非财务指标进行有机结合。这一评价体系由财务、客户、内部生产经营流程、学习与成长等层面的评价指标所组成，能够对企业经营业绩进行更为科学、全面的评价，从而为企业经营绩效评价的理论与实践创新做出了重要贡献。

3. 员工绩效管理

员工绩效管理是指通过科学的方法，促进员工绩效提高的过程。一般包括绩效计划、绩效实施与指导、绩效评价、绩效反馈与改进等环节。绩效计划是员工绩效管理的基础，员工绩效计划要与企业的经营目标和计划保持一致。应将企业KPI逐层分解到各个具体的工作岗位，作为员工绩效计划的依据，从而促使每个员工都能按照企业要求的目标和方向去努力。员工绩效评价是绩效管理的核心环节，是综合运用定性与定量的科学评价方法，对员工工作的实际效果及其对企业的贡献或价值进行考核与评价。员工绩效评价的目的是通过定期的考核提高员工的工作效率，保障企业经营目标的高效实现。

五、关键要点

1. 绩效管理是企业战略落地的载体

战略的有效实施取决于企业的组织能力和员工的个人能力,一个有效的组织体系能够使企业的战略目标快速而准确地传递下去,而称职的员工则可以在各个职位上发挥其应有的作用。绩效管理就像一条绳索,把每个职位上的员工串在一起,给每一个职位赋予战略任务。因此,通过为每一位员工制定绩效目标,可以使战略、职位与人合为一体。

2. 绩效管理是一个过程

企业的绩效管理是一个包含若干环节的系统,它贯穿于管理者和员工工作的每一天,企业通过该系统在整个工作过程中的运行实现管理目的。绩效管理不仅强调绩效结果,而且重视达成绩效目标的行为和过程。因此,绩效管理不只是目标管理,而且是过程管理。

3. 绩效管理系统有几个至关重要的组成部分

绩效管理系统由绩效计划、绩效实施和管理、绩效评价以及绩效反馈和改进四个部分构成。在案例中,虽然这几个部分看似都存在,但是落实程度都不高,企业对这几个部分存在误解,需要重新认识,并加大落实力度。

附录

附录1　BNC公司绩效考核表

附表1-1　BNC公司副总经理绩效考核表

填表时期：2013年3月

	序号	内容要求	权重	完成情况	得分	未达标原因1	未达标原因2
考核项目	1	行政与投资发展	15		10	外购任务未完成	
	2	环氧计划（吨）	10	602.824	10		
	3	环氧外购（吨）	10		10		
	4	三甲胺（吨）	10	706.82	10		
	5	盐酸（吨）	10	1348.14	10		
	6	玉米芯（吨）	10	360.82	10		
	7	稻壳粉（吨）	10	770.82	10		
	8	断供停产	10		10		
	9	行政部管理	10		9		
	10	及时考核	5		0		
工作成绩							
存在问题							
评价					结论：94		

考核时间：2013年4月20日　　　　考核成员：×××

注：原辅料断供1天扣5分。环氧、三甲胺、盐酸少供10吨扣1分。行政部管理绩效根据行政部考核结果确定。

附表 1-2 BNC 公司生产技术部绩效考核表

填表时间：2013 年 3 月

部门		生产技术部		责任人		×××	
考核项目	序号	内容要求	权重	完成情况	得分	未达标原因1	未达标原因2
	1	干燥（吨）	20	粉剂 2486.45 吨	20		
	2	硅（吨）	10	硅 223.65 吨	10	生产订单不足	
	3	含量误差	15		13		
	4	重量误差	10	粉剂发货 2315.2 吨，误差 –2714 千克	8		
	5	车间保障	10		10		
	6	管理提升	10		8	探测仪不按照规定使用，上料不注意线头等	
	7	安全环保无事故	10	本月干燥车间 ×××、××× 工伤	8		
	8	卫生	10		10		
	9	其他	5		5		
工作成绩							
存在问题	1. 交接班管理需加强 2. 细节管理需加强						
评价						结论： 92	

考核时间：2013 年 4 月 15 日　　　　考核成员：×××

注：合成、干燥硅完成大于 100% 得 10 分，完成 90% 以上得 5 分，90% 以下 0 分。管理提升：7S 管理、交接班管理、现场检查、记录检查各 2 分。成本消耗在标准允许值内满分，否则 0 分。安全环保无事故，无人为停产得满分，否则 0 分。车间保障有计划有实施得 50%，任一未达到规定 25 天正常生产时间的，差 1 天扣 1 分。卫生检查项目包括不合格品袋装化（加标签）、场地及设备卫生、平台甲板卫生、工具设施摆放、职工着装、投料区等，一个单项检查有问题扣 2 分。

案例六　BNC 公司绩效管理体系

附表 1-3　BNC 公司设备部绩效考核表

2013 年 3 月

部门		设备部		责任人		×××	
考核项目	序号	内容要求	权重	完成情况	得分	未达标原因1	未达标原因2
	1	设备保养计划的制订	15		15		
	2	设备保养计划的实施	15		15		
	3	CNAS 认证	10	4 月组织文审	10	提出改进建议	
	4	技术提升	10		10		
	5	质量管理程序	10		10		
	6	厂内工程	20	按照计划进程开展	20		
	7	设备故障停产天数	10		10		
	8	零配件库存监督	5		5		
	9	其他	5		5		
工作成绩							
存在问题							
评价	本月为职务调整首月，做考核项目调整，暂不扣分				结论：		

考核时间：2013 年 4 月 20 日　　考核成员：

145

附表 1-4　BNC 公司物流部绩效考核表

填表时间：2013 年 3 月

部门		物流部		责任人		×××	
考核项目	序号	内容要求	权重	完成情况	得分	未达标原因 1	未达标原因 2
	1	干燥装运（吨）	5	2474.7	5		
	2	硅装运（吨）	5	210.5	5		
	3	液体装运（吨）	5	662.97	5		
	4	出厂验证，准确无误	20		18		
	5	计划编排及调整	10	2 次	10		
	6	库房管理提升	10	卫生方面有提高	8		
	7	及时装运	15	及时	15		
	8	商检及时	10	及时	10		
	9	库房管理及记录	10	有很大改观	8		
	10	其他	10		10		
工作成绩		商检进行核销，这样可以大大减少票数，每周最多去三次就可以了。每个人的工作能动性提升了，能主动寻找自己工作中的问题和不足					
存在问题		企业的发展需要产品质量的持久性、销售服务的深入性、物流服务的延伸性，物流工作在细节方面需要加强					
评价						结论：94	

考核时间：2013 年 4 月 20 日　　　　　考核成员：×××

注：合成、干燥硅完成大于 100% 得 10 分，完成 90% 以上得 5 分，90% 以下 0 分。管理提升：7S 管理、交接班管理、现场检查、记录检查各 2 分。成本消耗在标准允许值内满分，否则 0 分。安全环保无事故，无人为停产得满分，否则 0 分。车间保障有计划有实施得分 50%，任一未达到规定 25 天正常生产时间的，差 1 天扣 1 分。卫生检查项目包括不合格品袋装化（加标签）、场地及设备卫生、平台甲板卫生、工具设施摆放、职工着装、投料区等，一个单项检查有问题扣 2 分。

附录2 工作日志和工作记录

附表2-1 部门负责人工作日志

填表日期： 年 月 日

部门名称		负责人	
当日工作计划		实际完成情况	

工作记录	时间	工作	上级工作安排和完成情况

明日工作提醒	
小结备案问题	本人签字

附表 2-2　生产部工作记录

填表日期：　　年　月　日　　星期

干燥 50% 任务		吨	完成情况	吨	未完成原因	
干燥 60% 任务		吨	完成情况	吨		
干燥 70% 任务		吨	完成情况	吨		
50% 硅任务		吨	完成情况	吨		
蒸馏任务		吨	完成情况	吨		
成盐任务		吨	完成情况	吨		
缩合任务		吨	完成情况	吨		
设备不良记录和解决		干燥			合成	
干燥交接班		白班			晚班	
	记录			记录		
	班长交接			班长交接		
	存在问题			存在问题		
	出勤			出勤		
合成交接班		白班			晚班	
	记录			记录		
	班长交接			班长交接		
	存在问题			存在问题		
	出勤			出勤		

续表

原料供应状况（填写数字 1、2、3，分别代表充分、紧张、断货）：			
三甲胺　　　　　　　　环氧　　　　　　　　盐酸			
玉米芯　　　　　　　　稻壳　　　　　　　　二氧化硅			

合成看板		记录批号可跟踪追溯完成情况	
干燥看板			

工伤和处理记录：

职工技能教育和考核情况	

品控	出勤情况		设备和试剂状况	
	人员技能状况		记录检查	

锅炉房		煤质	

特别说明：

填报负责人签名：　主管审核签字：　　书记签收：

办公室存档签收：

附表2-3 设备部工作记录

填表日期：　　年　月　日　　星期

设备保障检查项目	检查情况	发现问题
原料罐区设备检查		
甲胺及环氧卸车泵		
氮气及其管道		
成盐系统管道/阀门		
缩合系统管道/换热器/阀门		
蒸馏系统管道/换热器/阀门		
成品液体储罐/阀门		
盐酸供料泵		
盐酸卸车泵		
缩合循环泵		
成盐循环出料泵		
液体出料泵		
在线仪表（甲胺）		
在线仪表（环氧）		
甲胺回收系统/泵		
环氧回收系统/泵		
二氧化硅混合设备		
硅车间管道及泵		
干燥车间混合机		

续表

设备保障检查项目	检查情况	发现问题
干燥车间干燥滚筒/电机/减速机/润滑		
干燥车间降温滚筒/电机/减速机/润滑		
电控柜		
干燥仪表		
筛、包装、称重、热合		
叉车		
空压机		
室外鼓风机、电机		
干燥系统各电机和输送系统		
锅炉及其管道系统		
厂内照明系统检查		

当日维修项目和完成情况：

计划维修保养项目：

其他工作记录：

负责人：　　　　　审核：　　　　　书记：

附表 2-4　物流部工作记录

填表日期：　　年　月　日　　星期

工作内容	完成情况	存在问题
生产计划编拟		
包装物库存检查		
唛头标签制作		
唛头标签粘贴		
原料库存记录		
成品库存记录		
五金设备库存记录		
商检		
货物转运状况		
条形码制度执行		
出厂验证程序检查		
其他		

库存统计				
50%植物型	60%植物型	75%液体	50%硅型	稻壳
盐酸	环氧	三甲胺	玉米芯	国内包装

续表

中性袋	空白袋	B款袋	袋	袋	袋		

备用五金设备不足提醒：

投诉记录：

调查结论：

处置方法：

工作说明：

负责人签字：　　　　　　　主管签字：　　　　　　　书记签收：

办公室存档签收：

案例七

DF 通信公司的培训困境 *

摘要：现如今，"培训"成为大多数企业经常会接触到的热词。虽然企业每年都要在培训项目上进行大量的投入，但在培训项目的实施过程中，往往会呈现出"有人欢喜有人忧"的局面。本案例描述了 DF 通信公司在知识经济与互联网经济的大背景下实施培训项目的情况，分析了 DF 通信公司培训管理体系中存在的问题。

关键词：DF 通信公司；培训；满意度

---

*1. 本案例由周劲波撰写，作者拥有著作权中的署名权、修改权、改编权。
 2. 本案例授权中国管理案例共享中心使用，中国管理案例共享中心享有复制权、修改权、发表权、发行权、信息网络传播权、改编权、汇编权和翻译权。
 3. 由于企业保密的要求，在本案例中对有关名称、数据等做了必要的掩饰性处理。
 4. 本案例只供研究分析之用，并无意暗示或说明某种管理行为是否有效。

案例七　DF 通信公司的培训困境

0　引言

近年来，全球化、知识经济让企业面临的市场竞争越来越激烈，人才的作用越来越凸显。很多企业将人才看作企业的第一大重要资源，并且是唯一的动态资源。DF 通信公司是一家集通信和金融电子网络于一体的行业应用整体解决方案提供商。在 DF 通信公司，每年都有 2%～3% 的利润收入投资于员工的头脑，以期提升员工的领导力、工作效率和质量、客户服务水平和内部管理水平等。2011 年，DF 通信公司举行了一次全公司范围内的工作满意度调查，其中对培训工作满意度的调查结果出乎培训管理人员的意料：员工对公司内的个人发展的满意度较低，这与每次培训课程结束后回收的《培训满意度调查》的得分大相径庭。为此，培训管理人员结合理论与实践进行了分析和研究，认为最大的问题在于企业大多数情况下是为了培训而培训，员工一边抱怨培训太少，一边在参加培训的主动性和积极性方面都表现平平。另外，在这个知识爆炸的时代，员工每天能从微博、微信等各类 App 上获得更多的知识，有的学员说："我只要半个小时就能了解两天的课程内容，培训简直是浪费时间，还不如网上学到的知识多。"而到年度预算评审时，围绕着"培训预算"这一项，管理者就会举棋不定，不知道每年投入的培训预算是否有了应有的绩效产出和利润贡献。种种相关因素导致培训项目产生的培训绩效较低。

1　公司发展及现状

DF 通信公司成立于 1958 年 8 月 8 日，于 1996 年完成股份制改造，在上海证券交易所同时发行 A 股和 B 股。目前，DF 通信公司是一家集通信和金融电子网络于一体的行业应用整体解决方案提供商。

1.1 公司的发展

20世纪90年代以来，DF通信公司遵循"人才先导，培训当先"的原则，充分重视人才的培训，把定期培训作为上岗资格来抓，并不惜下大力气、花大代价来培养和造就优秀人才。在几十年的发展历程中，公司致力于技术积累和持续创新，在金融电子、通信增值、无线集群通信、电子制造与网络服务等领域都拥有了一定的专业优势。目前，DF通信公司的产品和解决方案已经应用于全球20多个国家和地区。DF通信公司拥有3000余名员工，其中70%以上为技术、管理专业人才。

DF通信公司早在20世纪90年代就与美国摩托罗拉公司进行了技术合作，在双方合作的"甜蜜期"，DF通信公司的员工可以大量地到摩托罗拉大学参加各项专业技术类培训和管理类培训，当时，DF通信公司的员工对每日单价400美元的培训趋之若鹜。之后，DF通信公司的发展走向了辉煌，与战略合作伙伴摩托罗拉携手占领了中国的手机业务市场。从独立事件来看，这似乎是一个"双赢"的结局，但随着DF通信公司的员工越来越多地成为摩托罗拉的员工，DF通信公司才缓过神来，原来这是一场巧妙的市场营销，通过培训，既加深了DF通信公司工程师对摩托罗拉产品的了解，又使其对企业形象、企业文化和企业管理体制等各方面有了深层次的认同，可以说，摩托罗拉大学把培训绩效提升到了一个高度。

2003年，DF通信公司的生产经营陷入了困境。如今，DF通信公司止住了亏损，并在金融电子业务上有了新的增长。在此，不禁要问：难关是如何渡过的？DF通信公司的培训到底给了员工什么？为什么要在生产经营最困难的时刻依然不放松对员工的培训？如何有效提升DF通信公司员工培训的有效性，以应对互联网经济时代带来的新挑战和新机遇？……这些，都是DF通信公司的培训管理者要深入思考的问题。尤其是最后一个问题，更是DF通信公司尚未解决的难题。

案例七 DF 通信公司的培训困境

随后，DF 通信公司以市场为导向，以自主创新为主导，及时进行战略调整，逐年增加技术研发投入，保证生产经营的持续发展。

2013 年，DF 通信公司积极拓展市场空间，以技术和品质牵引销售增长，以资产运营发挥竞争优势，产业发展质量和效益得到明显提高。具体表现为：金融电子产业完善产业链，实现长足发展；无线集群对外资源整合，获得市场突破；各部门管理提升持续推进，成效明显。在人力资源管理工作上，DF 通信公司重视人才的发展与培养，系统梳理和优化专项人才的培养方案，开展 80 后管理助理的系列帮辅活动，从理论知识的传导逐步过渡到岗位实践和轮岗，有效提升了公司的人才竞争力。

现如今，DF 通信公司包括四个事业部和八个职能部室，如图 1 所示。

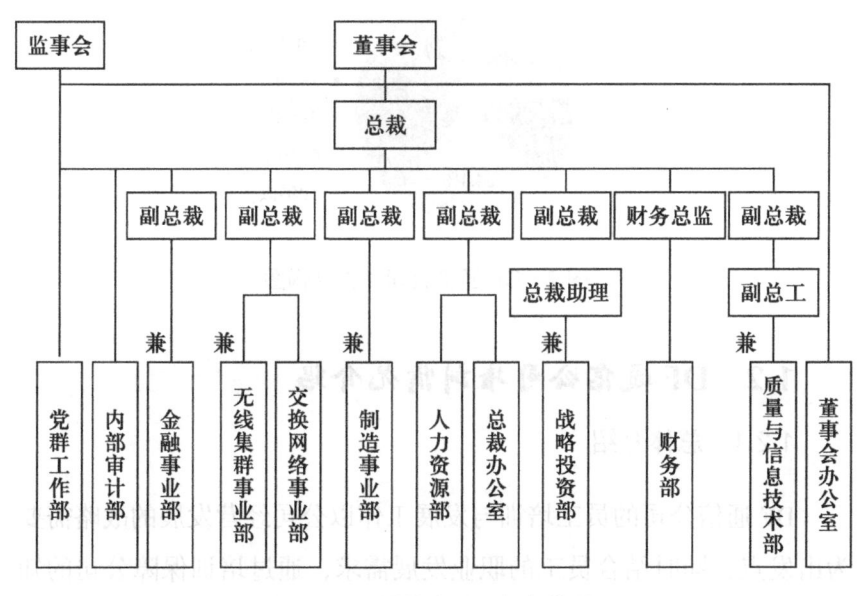

图 1 DF 通信公司组织架构图

截至 2013 年底，DF 通信公司共有 2700 余名员工，基本信息如图 2 所示。

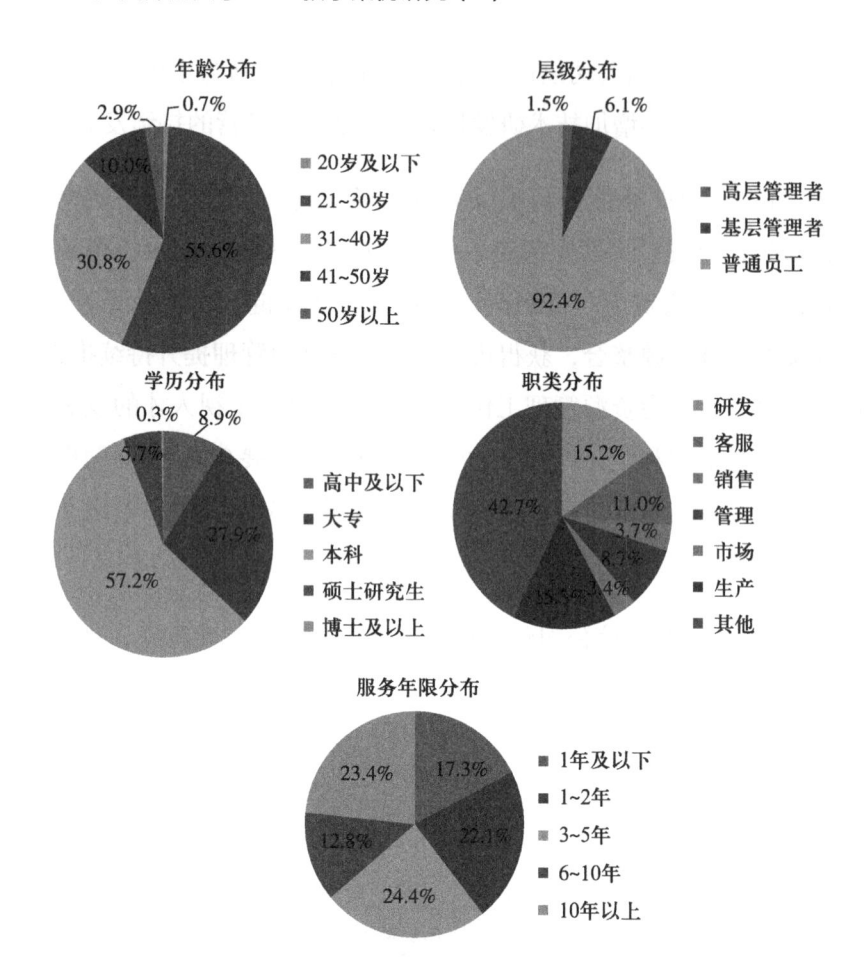

[图表：年龄分布、层级分布、学历分布、职类分布、服务年限分布的饼图]

年龄分布：20岁及以下 0.7%；21~30岁 55.6%；31~40岁 30.8%；41~50岁 10.0%；50岁以上 2.9%

层级分布：高层管理者 1.5%；基层管理者 6.1%；普通员工 92.4%

学历分布：高中及以下 0.3%；大专 8.9%；本科 57.2%；硕士研究生 27.9%；博士及以上 5.7%

职类分布：研发 15.2%；客服 11.0%；销售 3.7%；管理 8.7%；市场 3.4%；生产 15.3%；其他 42.7%

服务年限分布：1年及以下 17.3%；1~2年 22.1%；3~5年 24.4%；6~10年 12.8%；10年以上 23.4%

图2 DF 通信公司员工结构图

1.2 DF 通信公司培训情况介绍

1.2.1 总体介绍

DF 通信公司的员工培训与发展工作以公司经营发展的战略需要为出发点，同时结合员工的职业发展需求，通过培训保障公司的知识和经验传承，提高员工的综合素质，满足公司经营发展对人员储备和人员技能的需求，并帮助员工提升自身价值，获得成长。公司为员工提供各类培训，同时鼓励员工自我学习。

1.2.2 DF 通信公司培训体系的组成

DF 通信公司重视人力资本的持续增值，为员工提供众多的培训与学习机会，帮助员工持续成长。DF 通信公司不仅追求产品及业务在业内的领先地位，还力求整体人才素质在业内的领先地位。培训主要包括以下三个部分。

（1）新员工培训：通过丰富的拓展培训以及进入部门后的导师引领和岗前系统化的专业技能培训，帮助新员工快速融入公司并胜任本职岗位。

（2）职业发展培训：根据员工所在专业技术通道及职业发展计划提供分类分层的职业系统培训，使员工的知识深度与广度、业务能力、个人素质及领导力得到全面持续的提升。

（3）二级培训：公司各部门建立二级培训体系，由所在部门结合部门业务及岗位特点开展部门特色的综合和专业培训。

1.2.3 培训职责分工

人力资源部是公司培训策划的主体，系统负责培训体系的构建；各部门是承担本部门培训的主体，是员工培训的组织者；各级管理者是培养部属的责任主体；员工对自身成长负责。具体工作与职责如下。

人力资源部：负责 DF 通信公司培训基本管理规范的制定与监督执行；负责 DF 通信公司专项培训的预算、计划、组织、实施与记录工作；对各部门的培训工作进行指导、监控与检查；审核各部门的付费培训，提供必要的信息支持；逐步推进内训师队伍建设。

各部门：结合本部门发展规划，负责本部门培训的预算、计划、组织、实施与记录工作，并按要求进行规范管理。

各级管理者：在日常工作中对部属进行指导和培训是各级管理人员应承担的重要职责。各级主管应积极承担公开授课职责，力争成为公司培训讲师。

员工：员工是自身学习成长的第一责任人，应主动开展多种形式的学习，积极参加公司和部门举办的培训，不断提升专业素质和技能，以满足公司发展的要求。

1.2.4 培训的类别

DF 通信公司的培训类别包括入职培训、转岗培训、能力提升培训、资质类培训、学历学位培训及出国培训等。

（1）入职培训：指为使新进公司的员工尽快进入岗位角色，达到岗位要求而进行的基础培训。内容包括公司文化、公司发展战略、基本制度、质量、安全、岗位工作职责、流程、岗位专业技能等。

（2）转岗培训：指为岗位发生变动的员工提供的培训，以使其拥有新岗位工作技能。员工的直接主管负责工作辅导或安排相关培训。

（3）能力提升培训：指为了更新和扩充在职员工的知识、提升岗位胜任能力而进行的各项培训。内容包括个人学习、主管领导在职辅导、内部交流研讨、短期培训、轮岗等。

（4）资质类培训：指围绕公司可持续发展所需的各类资质对员工进行的培训。公司出资取得的资格证书，由质量与信息技术部或人力资源部统一管理，在员工劳动关系终止后返还证书。

（5）学历学位培训：包括脱产与不脱产两种。公司原则上不公派员工参加脱产或不脱产学历学位培训。纳入公司后备人才培养计划的关键骨干如果职业发展中有相应的需求，经本人申请、总裁办公会审批同意，可以公派。公司鼓励员工参加自费不脱产学历学位培训，员工应向公司提出培训申请，并签订《员工自费不脱产学历学位培训协议》。员工参加自费脱产学历学位培训，须与企业解除劳动合同关系后，自行办理报读手续。

（6）出国培训：仅指公司因工作需要，出资委派员工参加一定期限的国（境）外培训。出国培训由人力资源部组织实施，报公司总裁办公会审批通过后方可执行，不列入年度培训计划。参加出国培训的员工必须在培训前与公司签订培训合同。

1.2.5 培训评估和培训考核

根据DF通信公司员工培训管理办法，DF通信公司培训的组织实施部门负责培训的有效性评估管理。可根据培训课程的特点进行培训效果评估。

（1）一级评估，即反应评估，指评估受训人员对培训项目的印象如何，包括对讲师和培训科目、设施、方法、内容、自己收获大小等方面的看法。在培训项目结束时，通过问卷调查来收集受训人员对培训项目的效果和有用性的反应。该评估可以作为改进培训内容、培训方式、教学进度等方面的建议或综合评估的参考。

（2）二级评估，即学习评估，指测量受训人员对原理、技能、态度等培训内容的理解和掌握程度。学习评估可以采用笔试、实地操作和工作模拟等方法来进行，以了解受训人员在培训后对知识及技能的掌握程度。

（3）三级评估，即行为评估，指在培训结束后的一段时间里，由受训人员的上级、同事、下属或者客户观察他们的行为在培训前后是否发生变化，是否在工作中运用了培训中学习到的知识。该评估一般采取自评、互评、面谈、访谈、电话专访等方式，在培训结束后三个月或半年进行。

人力资源部会同相关部门对各项培训工作进行相应的检查。

2　现有培训体系问题分析

DF通信公司在1998年底成立了培训中心，并将其从人力资源部独立出来，作为一个单独的职能部室。培训中心拥有20余人的内训师团队，与摩托罗拉大学有紧密的业务合作，那时公司处于鼎盛发展时期。

2002年至2003年，DF通信公司的生产经营出现较大亏损，培训中心首当其冲，作为一个高成本部门而被取消、合并，其培训工作大量萎缩，成为人力资源部的一个业务块。

2004年至今，DF通信公司人力资源部设培训管理专员1名，各部门接口人是培训业务联系人。

由DF通信公司的培训管理制度来看，其制度是相对完善的，但员工的实际培训满意度如何呢？

2011年，DF通信公司举行了一次全公司范围内的工作满意度调查。本次调查共有2283名员工参与，涉及不同部门、不同职类、不同层级、不同学历、不同性别、不同年龄和不同服务年限的员工。

在考察员工对公司和工作的满意度时，对培训工作的满意度调查是重要的一项。调查结果如图3和图4所示。其中，"个人发展"栏的"单位为员工提供的培训机会"的调查结果为：不满意率为

案例七 DF 通信公司的培训困境

33.1%，一般率为 38.7%，满意率为 28.2%。"持续学习"栏的"我们总是能够及时地掌握行业内的最新技术"的调查结果为：不满意率和一般率都为 33.4%，满意率为 33.2%。对于此项内容，员工的期望值为 73.1 分，而实际得分为 33.2 分，差值为 39.9 分。"关注成长"栏的"我在工作中有较多的培训机会"的调查结果为：不满意率为 45.6%，一般率为 20.6%，满意率为 33.8%。对于此项内容，员工的期望值为 75 分，实际得分为 33.8 分，差值为 41.2 分。

■ 不满意%　■ 一般%　■ 满意%

		不满意%	一般%	满意%
个人发展	单位为员工提供的培训机会	33.1	38.7	28.2
持续学习	我们总是能够及时地掌握行业内的最新技术	33.4	33.4	33.2
关注成长	我在工作中有较多的培训机会	45.6	20.6	33.8

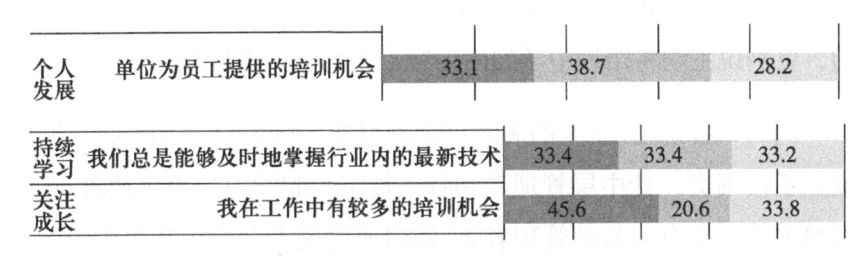

图 3　工作满意度得分对比图

资料来源：DF 通信公司 2011 年员工满意度调查报告。

		差值	实际	期望
关注成长	我在工作中有较多的培训机会	41.2	33.8	75.0
持续学习	我们总是能够及时地掌握行业内的最新技术	39.9	33.2	73.1

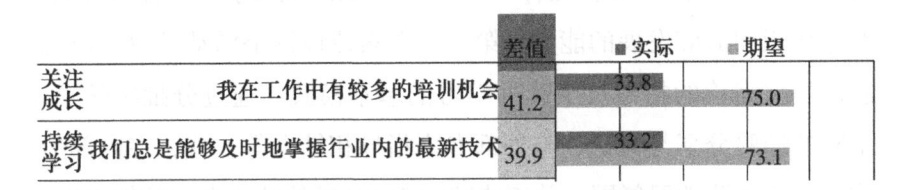

图 4　期望与现实差距较大项目对比图

资料来源：DF 通信公司 2011 年员工满意度调查报告。

一方面，员工认为培训机会不多；另一方面，员工的培训动机下降明显。2013 年公司组织了"非人力资源主管的人力资源管理"课，讲师在开课之前做了一个调查，以匿名的形式统计每组参训人员的"主动性"和"热情程度"，调查的问题是"今天你们来上课，认为自己是什么角色？囚徒（作为一次惩罚，被上司绑架来上课，培训教室就像一间囚室）？英雄（作为一次奖励，人无我有，可以解决更多问题)?打酱油(反正也没事做,当作一次休闲度假)?"结果显示,被直线上司要求,不得不来参加培训者占三成;带着问题来参加培训,希望能够解决实际问题者占四成;其余的都是可来可不来,反正也没事,就来参加培训听听故事,打发上班时间。这是一次培训的个案,仅作为参考。但根据培训管理人员的统计,迟到早退、签到后即消失、临时请假的参训人员有上升趋势;课堂上玩手机、聊QQ、发微信、发微博的参训人员渐渐增多;课堂上主动思考、积极讨论、踊跃发言、积极联系实际难题发问的员工占比不高;员工培训结束后的训后感要一催再催,培训行为转化单是应付填写的,更别说主动将培训中学到的内容予以落实并进行分享。

同时,针对2011年的满意度调查结果,2013年,DF通信公司成立了读书会,让中层管理者和骨干员工一起学习彼得·德鲁克的经典书籍《卓有成效的管理者》,期望通过读书会的团队集中学习,达到以下效果。第一,通过丰富多彩的读书活动,培养员工浓厚的读书兴趣和良好的阅读习惯,全面提升员工的人文素养、管理共识、专业技能和适应发展的能力。第二,探索建设读书活动长效学习机制,建立完善的指导员工读书学习的基本模式。通过分批次学习、不断的经验分享与讨论、与外部专家指导相结合等方式,在内部形成良好的团队学习氛围,并逐步建立起DF通信公司自己的知识库。第三,将所学运用到工作实践中去,不断反思工作,改进工作模式,使工作更有效率,进而提高组织解决问题的能力。

读书会活动开展半年后,参加人员为70%以上,但到了年底,50%的参与率算高了,而最近一次读书会,17人中只有6人参加。在各类会议上,读书会成员并没有因学习而改变思维方式和行为实践,还是一次又一次地重复原先的工作方式方法,自然也就不可能让管理层看到读书会给工作绩效带来的改变。

案例七 DF 通信公司的培训困境

上述都是就独立事件进行的描述和观察，要更深入、更客观地了解问题产生的主要原因，就要做更多的调查研究。2014 年 1 月，培训管理部门为提高培训的针对性，强化培训效果，制订了 2014 年度培训计划，并进行了 2014 年度培训需求调查（调查问卷详见附录）。培训管理部门收到有效问卷 121 份，其中包括高层管理人员问卷 9 份，中层管理人员问卷 23 份，基层管理人员和一般员工问卷 89 份。通过对调查问卷的统计整理，以及对现行培训工作的思考，培训管理部门分析认为公司现有培训体系存在的问题较多，例如，20 世纪 80 年代、90 年代出生的员工对培训的态度较为冷淡，好的培训供应商较难找到。培训体系中所存在问题的原因具体如下。

（1）培训目标不够清晰。现阶段 DF 通信公司是这样确定培训需求的：首先，培训管理部门在对员工进行上年度考评时，会在个人发展计划表（见表 1）的"具体行动计划"栏填写培训需求，人力资源部收到表格后会进行初步的登记，作为下年度确定培训需求时的参考。其次，在各部门发放年度培训计划表（见表 2），由各岗位员工提出培训需求。最后，培训管理部门根据统计情况，对具有共同需求的培训，整理出培训机构比较优秀的课程，与业务部门领导沟通后提供给员工选择参训，而个性化需求则由培训需求部门根据计划自行安排。

表 1 个人发展计划表

个人发展计划（由主管领导和被考核者共同讨论后制订）			
职业发展和任职计划			
重点待发展能力	具体行动计划	完成时间	期望结果

表2 年度培训计划表

制表部门：　　　　　制表人：　　　　　制表日期：

序号	计划时间（可仅填写到月份）	培训名称	培训对象	培训目标	计划人数	培训形式（外训、内训、网上教学等）	培训天数	培训地点	预算费用（元）	备注	课程变动（填写：取消、已执行、转入×月执行）

审核：　　　　　部门总经理审批：

在这个环节，满意度较高的是岗位技能类的专业技术培训，尤其是事业部内部开展的新员工岗位技能培训。比如金融事业部，他们的新员工大多是现场工程师，培训时大家围着一台ATM自动柜员机，看内训师从头到尾操作一遍，然后每个工程师上手操作一遍，直到学会为止。可以看出，这类培训是有明确目标的，就是通过培训，每位新员工来到客户现场，面对一台柜员机，可以按操作规程进行程式化、规范化操作。而通识类和管理技能类培训则满意度不高，其中一个原因是员工进入时间有区别，试想，一个新进的大学毕业生和一个有十年岗位工作经验的老职工一起参加通识类培训时，新员工可能因为第一次参加此类培训，感觉有趣实用而听得津津有味，老员工则因为通识类培训几乎每年参加一次，很多基础知识点已经掌握，所以反应平平。

可见，DF通信公司现有培训没有做到真正与员工培训需求"接轨"，需求调查浮于表面，没有真正深入员工需求的内核，没有把培训绩效作为培训的终点，可以说，更多的是为了培训数据而开展培训，导致员工对培训工作的满意度较低。

（2）推动培训转化是薄弱环节。现阶段，DF 通信公司的培训工作更多关注的是培训前的需求和培训的实施，也即"学习"中"学"的阶段，而"习"的阶段涉及较少。例如，有一个办公室员工既参加了"Excel 入门"课程，也参加了"Excel 精进"课程，但在实际工作中，采用的还是原先的统计方法和工具，既没把表格做得更专业、更美观，也没有提高制作效率。直线经理每次拿到报表，都哭笑不得地发问："你不是参加过多次培训了吗，为什么一点变化也没有？"不可否认，长期养成的工作习惯要发生立竿见影的改变是奢望，新的工作习惯的养成需要一定的时间，但并不等于不做出任何改变。不改变，不在改变中产生绩效，便失去了培训的意义。当然，培训成果的转化需要多方配合，如直线经理的鼓励、上下环节岗位同事的支持等。

培训只有转化成绩效才是有效的培训，DF 通信公司在这个环节做得不够好，需要公司采取系统的方法和模式去促进培训的积极转化，以保障培训达到效果。

（3）培训评估停留在初级层面。在培训效果评估上，有相对成熟且多样化的评估体系可作为参考。理论上，这也是培训过程中与培训投资回报率联系最紧密的环节，企业为员工做的投资是否产生绩效，是需要通过评估体系来进行相对客观的评估的。DF 通信公司的培训评估现状是：没有针对培训发展项目的评估，提交给高管的报告仅仅是受训人员在培训课程结束后的 5 分钟填写的《培训满意度调查》，这份报告很大程度上是对课堂讲师和培训机构培训能力的评估，并作为公司培训管理部门付款和是否再度合作的依据。而这正是公司高管和员工对培训工作诟病的地方，因为这样简单的评估无法让他们了解培训到底给员工、给公司带来了多少价值。

近几年公司的生产经营形势尚可，因此，公司的培训预算相对充裕。但随着互联网经济的飞速发展，电商、网商的迅猛崛起，DF通信公司所在的通信行业遭遇"寒冬"。金融电子行业虽行情看好，但产业本身的容量并不大。在这样的情况下，DF通信公司充分认识到人才的重要性，认为现有人员培养乏力，培训工作没有为公司的战略和发展提供有效的支撑。众所周知，无论是部门还是个人，自身的价值是由自身能为组织创造的绩效决定的，所以，在培训评估工作上做深做精，为企业的发展做出绩效贡献成为培训工作要关注的重点。

由此可见，要让培训发挥出应有的作用，体现培训部门存在的价值，就必须在做法上有所改变，以有效提升培训的绩效，让公司满意，让员工满意。

3　结论

我国实施"引进来"战略以来，培训在国内得到快速发展。2003年之后，DF通信公司不但引进对标公司的产品和管理，也引进了培训，这对公司的发展产生了重要的作用。但2011年以来，公司员工对培训的满意度呈现出下滑趋势，管理层在面对年度培训预算时也会进行多轮质询，尤其是对培训有效性的关注，让DF通信公司培训管理人员有了紧迫感和压力。

本案例针对DF通信公司的培训现状进行分析研究，找出现有

案例七 DF通信公司的培训困境

培训体系的三个主要问题,它们分别是:①培训需求分析环节目标不清晰,培训有效性没有在培训前界定清楚;②推动培训转化是薄弱环节;③培训评估停留在初级层面。就这三个问题,案例展开了深入的研究和探讨。但要改进DF通信公司现有的培训体系,就需要培训管理人员从培训需求的分析、培训项目的实施、培训的转化以及评估等各个环节入手,紧密结合相关理论和DF通信公司的现实状况,找出解决方案。

一、研究目的

通过本案例的研究分析，可以加深对企业培训的内涵、过程等的理解。

二、启发思考题

（1）你认为DF通信公司的培训有何特点？

（2）你是怎样看待企业培训的？

（3）你认为对于DF通信公司而言，提高培训的有效性应注意哪些问题？

三、分析思路

下面提出本案例的分析思路，仅供参考。

（1）从DF通信公司的发展历程尤其是培训发展历程与实际情况出发，分析其培训管理体系中存在的问题及原因，并进一步探讨改进的方法。

（2）研究者可以思考：一个有效性高的培训项目应具备什么样的特点？从DF通信公司的培训体系中得到了什么样的启示？

四、理论依据及分析

1. 绩效咨询模型

美国人达纳·盖恩斯·罗宾逊和詹姆斯·C.罗宾逊所著的《绩效咨询——人力资源和培训管理专业人士实用指南》指出:"人力资源、学习与发展、组织发展等专业人员的职责是提升员工绩效,支持业务目标。"他们开发出了绩效咨询模型,如图A所示。该模型表明,员工培训需求分析的最大优势是实现业务目标与理想岗位绩效行为的因果联系。员工培训需求要同时满足企业整体战略+部门

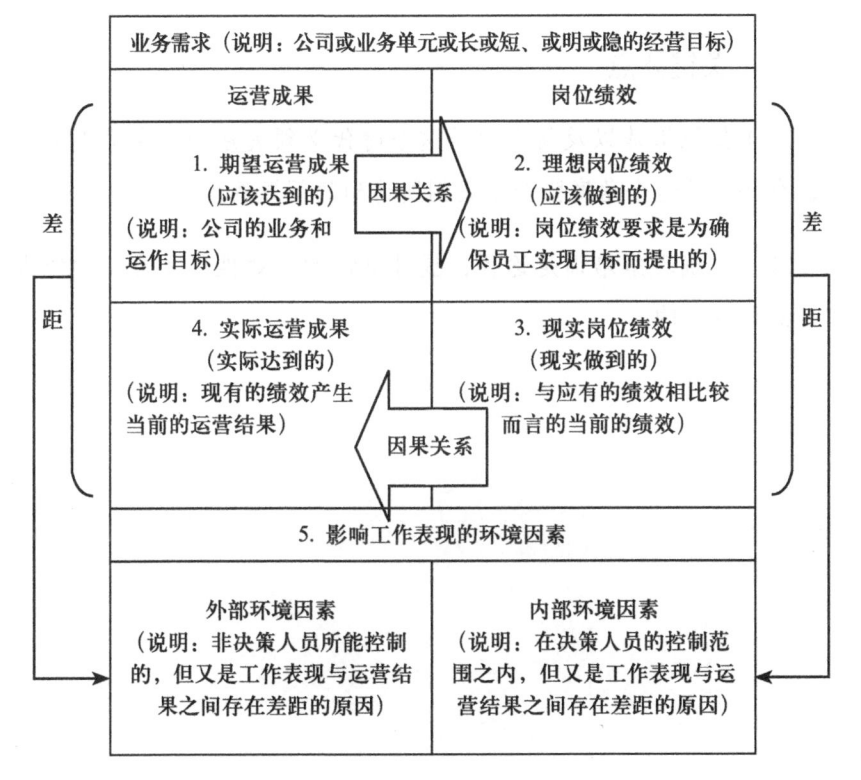

业务需求(说明:公司或业务单元或长或短、或明或隐的经营目标)	
运营成果	岗位绩效
1. 期望运营成果(应该达到的)(说明:公司的业务和运作目标)	2. 理想岗位绩效(应该做到的)(说明:岗位绩效要求是为确保员工实现目标而提出的)
←——因果关系——→	
4. 实际运营成果(实际达到的)(说明:现有的绩效产生当前的运营结果)	3. 现实岗位绩效(现实做到的)(说明:与应有的绩效相比较而言的当前的绩效)
←——因果关系——→	
5. 影响工作表现的环境因素	
外部环境因素(说明:非决策人员所能控制的,但又是工作表现与运营结果之间存在差距的原因)	内部环境因素(说明:在决策人员的控制范围之内,但又是工作表现与运营结果之间存在差距的原因)

左右两侧均标注"差距"

图A 绩效咨询模型

资料来源:罗宾逊 D G,罗宾逊 J C.绩效咨询——人力资源和培训管理专业人士实用指南[M].李元明,吕峰,译.天津:南开大学出版社,2001:52.

业务目标+员工个人绩效的需求，并进行系统评估。该模型将培训需求引导到培训绩效上来。

2. 以终为始

史蒂芬·柯维（Stephen R.Covey）的著作《高效人士的七个习惯》(*The 7 Habits of Highly Effective People*)中提到的第二个习惯是"以终为始"(Begin with the end in mind)，即做任何事情之前，要先在脑海里酝酿，充分酝酿后，再进行实质创造。也就是说，做事要先想清楚目标，然后再去做，并努力达成目标。以终为始的习惯适用于很多层面，培训工作当然也不例外。

五、关键要点

（1）知识爆炸以及信息化是这个时代必须关注的，在案例分析中，有必要从这个角度强调本案例所遇到的问题的性质。

（2）正确理解培训是途径，提升培训的有效性以及员工的能力才是最终的目的。

附录

DF 通信公司 2014 年度培训需求调查问卷

（中高层管理人员适用）

姓名：

调查目的

为提高培训的针对性，强化培训效果，科学制订 2014 年度培训计划，特附上本调查问卷，敬请您予以协助。调查结果和相关资料信息将仅用于制订 2014 年度培训计划，您的信息、意见和建议将得到充分的重视，我们将对您提供的信息严格保密。请客观、如实地填写，并于___月___日前填妥交至人力资源部，以便整理统计。感谢您的协助与支持，并祝工作愉快！

填表说明

本调查问卷旨在结合 2014 年度企业的发展规划，收集中高层管理人员的培训需求，请填写或者勾选您认可的答案。"⑤ ④ ③ ② ①"表示程度由高到低。

第一部分 培训现状调查

1. 您认为公司对培训的重视程度如何？	⑤ ④ ③ ② ①
2. 您个人对培训的重视程度如何？	⑤ ④ ③ ② ①
3. 您认为培训能否取得较高的收益？	⑤ ④ ③ ② ①
4. 您是否有针对性地对部门员工制订培养计划？	⑤ ④ ③ ② ①
5. 您认为培训考核结果应不应该同员工任职晋升等挂钩？	⑤ ④ ③ ② ①
6. 您是否同意部门内部员工在工作时间内参加培训？	⑤ ④ ③ ② ①
7. 您认为公司/部门是否具有浓厚的学习氛围？	⑤ ④ ③ ② ①
8. 您是否会主动推荐员工去学习某些课程或内容？	⑤ ④ ③ ② ①
9. 您参加公司各类培训的积极性如何？	⑤ ④ ③ ② ①

10. 您认为哪种培训学习方式最有效？

　　□ 员工外出学习公开课　　　□ 企业内部在线学习（E-learning）

　　□ 外派高管研学精品课程　　□ 参加岗位研修班

　　□ 参加读书会　　　　　　　□ 外请老师内训

　　□ 名企考察　　　　　　　　□ 学历再造

　　□ MBA/EMBA 培训　　　　　□ 其他：_____

11. 您认为培训时间安排在什么时候比较合适？

　　□ 上班期间　　□ 下班后　　□ 双休日　　□ 其他：_____

12. 您在组织本部门员工进行培训时，主要有什么顾虑？

　　□ 成本支出　　□ 培训效果　　□ 员工满意度　　□ 时间问题

　　□ 其他：_____

13. 您认为对于普通的某一门课程来讲，多长的时间比较好？

　　□ 2 小时　　　　　□ 4 小时　　　　　□ 7 小时（1 天）

　　□ 14 小时（2 天）　□ 14 小时以上

第二部分　具体培训需求信息

14. 您认为公司存在的管理问题有哪些？

　　□ 企业文化不成形　　□ 制度执行打折扣　　□ 战略规划、领导力不足

　　□ 中层执行力欠缺　　□ 中层干部能力弱　　□ 部门协调不畅

　　□ 团队凝聚力差　　　□ 产品质量不高　　　□ 缺乏人才

　　□ 营销团队难打造　　□ 客户服务不到位　　□ 新产品研发慢

　　□ 员工成长慢　　　　□ 绩效管理不完善

15. 您觉得您还需要在哪些方面进一步提升？

　　□ 领导力　　　　　　□ 管理技能　　□ 激励技巧　　　　□ 授权技巧

　　□ 成本分析与控制　　□ 财务管理　　□ 人力资源管理　　□ 战略规划

　　□ 团队建设　　　　　□ 项目管理　　□ 营销管理

　　□ 职业规划与下属培养　□ 内部管控与风险管理

案例七　DF 通信公司的培训困境

16. 您认为公司中层管理人员在哪些方面需进一步提升？

　　□积极心态　　　□执行力　　　□团队管理　　□岗位技能

　　□自我管理　　　□时间管理　　□培养下属　　□招聘培训

　　□业务管理　　　□客户服务　　□其他：_____

17. 您认为公司基层员工在哪些方面需进一步提升？

　　□积极心态　　　□执行力　　　□凝聚力　　　□岗位技能

　　□礼仪、行为规范　□操作能力　　□专业知识　　□专业技能

　　□其他：_____

18. 您认为专业技术人员在哪些方面需进一步提升？

　　□项目管理　　　□专业技术知识　□时间管理

　　□课题评审与决策　□技术引进管理　□R&D 管理

　　□质量管理　　　□其他：_____

19. 您认为市场营销人员在哪些方面需进一步提升？

　　□营销管理　　　□服务营销　　□产品知识　　□销售技巧

　　□积极心态　　　□沟通技巧　　□客户服务

　　□其他：_____

20. 您认为新员工除具备本岗位专业知识和技能外，还应该具备哪些知识和技能？

　　□公司概况　　　□财务制度　　□人事制度　　□产品知识

　　□行业知识　　　□办公软件、工具使用

21. 您认为培训学习为员工及公司带来的收益主要体现在哪些方面？

　　□管理能力增强　　　　　　□个人发展前景更好

　　□理解和执行公司战略更到位　□降低客户流失率

　　□改变员工心态　　　　　　□提高工作效率

　　□降低员工流失率　　　　　□超越竞争对手

　　□人才不断涌现　　　　　　□增加营业额

　　□执行力更强　　　　　　　□管理更顺畅

22. 您心目中的理想培训应该是：

　　□与部门和公司发展相关的战略性培训

　　□相关产品技术和制度培训

　　□直接针对工作中实际问题的方法培训

　　□基础素质的培训

　　□其他：_____

23. 如果公司邀请您担任内部讲师，您可开设的课程是什么？

24. 您对培训工作有什么意见和建议？

DF 通信公司 2014 年度培训需求调查表

（基层员工适用）

　　参加培训是员工提高职业化水平和职业竞争力的核心途径。为使培训工作的开展更具针对性，务请如实填写下表。

案例七　DF 通信公司的培训困境

第一部分　个人资料

姓名		部门		岗位	
专业		入司年限		工作年限	

第二部分　个人培训需求

请根据您的岗位需求、职业目标和兴趣选择培训学习需求（打"√"或填写）

（一）通识类

☐	企业文化、公司战略
☐	行业法规、政策及现状
☐	财务基础与管理制度流程
☐	行政人事基础与制度流程
☐	法务合同基础与制度流程
☐	岗位专业技术与制度流程
☐	常规管理工具使用
☐	职业化素养
☐	商务礼仪

（二）管理技能类

☐	时间管理
☐	会议管理
☐	项目管理
☐	学习管理
☐	非人力资源主管的人力资源管理
☐	非财务经理的财务管理
☐	团队沟通与跨部门合作
☐	有效沟通与跨部门合作
☐	职业经理人核心技能
☐	问题的分析与解决
☐	部属的教育与辅导
☐	塑造优秀领导力
☐	目标与绩效管理
☐	情境领导与魅力管理
☐	团队建设
☐	系统管理思维
☐	执行力建设
☐	有效激励技巧

177

续表

（三）岗位技能类	
技术研发类	
专业技术类	
市场销售类	
财 务 类	
项目管理类	
体系认证类	

第三部分　问题回答

1. 请列举一些 2013 年您参加的部门内组织的培训课程：_____
2. 您所在的部门是否有针对技术类岗位的培训，且定期开展？
   □是　　□否
3. 您是否了解网络在线学习？
   □是　　□否
4. 请填写您目前工作中需要掌握的主要技能或工具：_____
5. 您认为自己对该技能或工具的掌握程度是（随掌握程度的提高，分数由低到高）：　□1　□2　□3　□4　□5
6. 您参加过的培训中，印象最深的讲师及课程有哪些？（可多填，最好是内部讲师及课程）
   讲师姓名及课程名称：_____

案例七　DF 通信公司的培训困境

续表

6. 您工作的参照标准是： □国家标准　□行业标准　□法律法规　□自定操作规范 员工是否都了解该标准，并能按要求操作：□是　□否 7. 如果您在非工作日参加培训，可接受的时间是多久？ □2 小时　□4 小时　□8 小时　□均可 8. 您认为哪种培训方法最有效？（可多选） □讲授　□案例分析　□游戏　□情景模拟　□现场参观　□专题研讨 □视频　□户外训练　□交流座谈　□实际操作指导　□其他：_____